POR
QUE
O
MUNDO
NÃO
EXISTE

Dados Internacionais de Catalogação na Publicação (CIP)
(Câmara Brasileira do Livro, SP, Brasil)

Gabriel, Markus
    Por que o mundo não existe / Markus Gabriel ; tradução de Markus Hediger. – Petrópolis, RJ : Vozes, 2016.

    Título original: Warum es die Welt nicht gibt.
    ISBN 978-85-326-5215-7

    1. Filosofia moderna - Século 20 2. Ontologia 3. Pós-modernismo I. Título.

16-00128   CDD-111

Índices para catálogo sistemático:
1. Ontologia : Filosofia 111

MARKUS GABRIEL

POR QUE O MUNDO NÃO EXISTE

Tradução de Markus Hediger

Petrópolis

© by Ullstein Buchverlage GmbH, Berlim. Publicado em 2013 by Ullstein Verlag

Título do original em alemão: *Warum es die Welt nicht gibt*

Direitos de publicação em língua portuguesa – Brasil:
2015, Editora Vozes Ltda.
Rua Frei Luís, 100
25689-900 Petrópolis, RJ
www.vozes.com.br
Brasil

Todos os direitos reservados. Nenhuma parte desta obra poderá ser reproduzida ou transmitida por qualquer forma e/ou quaisquer meios (eletrônico ou mecânico, incluindo fotocópia e gravação) ou arquivada em qualquer sistema ou banco de dados sem permissão escrita da editora.

Diretor editorial
Frei Antônio Moser

Editores
Aline dos Santos Carneiro
José Maria da Silva
Lídio Peretti
Marilac Loraine Oleniki

Secretário executivo
João Batista Kreuch

Editoração: Fernando Sergio Olivetti da Rocha
Diagramação: Sandra Bretz
Capa: Renan Rivero

ISBN 978-85-326-5215-7 (Brasil)
ISBN 978-3-550-08010-4 (Alemanha)

Editado conforme o novo acordo ortográfico.

Este livro foi composto e impresso pela Editora Vozes Ltda.

Para Steffi.

Sumário

Repensar a filosofia, 9
   Aparência e ser, 10
   O Novo Realismo, 12
   A multiplicidade dos mundos, 14
   Menos do que nada, 17
I – Afinal de contas, o que é o mundo?, 23
   Você e o universo, 27
   O materialismo, 34
   "O mundo é tudo o que é o caso", 37
   O construtivismo, 43
   Filósofos e físicos, 49
II – O que é existência?, 54
   O superobjeto, 56
   Monismo, dualismo, pluralismo, 59
   Diferenças absolutas e relativas, 64
   Campos de sentido, 67
III – Por que o mundo não existe, 73
   O superpensamento, 78
   Niilismo e a não existência, 81
   Bruxas não existem, 89
IV – A imagem do mundo da ciência natural, 97
   Naturalismo, 103
   Monismo, 106
   O livro do mundo, 110
   Verdades subjetivas, 119
   Caminhos de floresta, 123
   Ciência e arte, 128

V – O sentido da religião, 134
   Fetichismo, 140
   O infinito, 146
   Religião e busca de sentido, 150
   A função de Deus, 157
VI – O sentido da arte, 161
   Ambivalências, 162
   Sobre sentido e significado, 166
   O demônio da analogia, 169
   Reflexividade, 172
   Diversidade, 177
VII – Posfácio – Televisão, 182
   A show about nothing, 184
   Os sentidos..., 187
   ...e o sentido da vida, 192
Glossário, 195
Índice onomástico, 201

Repensar a filosofia

A vida, o universo e todo o resto... acredito que todos já tenham se perguntado várias vezes qual é o sentido de tudo isso. Onde nos encontramos? Somos apenas um acúmulo de partículas elementares em um único recipiente global gigantesco? Ou será que nossos pensamentos, desejos e esperanças possuem uma realidade própria? E se este for o caso: Que tipo de realidade? Como podemos compreender a nossa existência ou até mesmo a existência num sentido geral? E qual é o alcance do nosso conhecimento?

Desenvolverei neste livro o fundamento para uma nova filosofia que parte de um simples pensamento inicial, ou seja, do pensamento segundo o qual o mundo não existe. Como você verá, isso não significa que nada existe. Existem o nosso planeta, meus sonhos, a evolução, o vaso sanitário, calvície, esperanças, partículas elementares e até mesmo unicórnios na lua, para mencionar apenas alguns exemplos. O princípio segundo o qual o mundo não existe significa também que todo o resto existe. Por isso, já posso antecipar que eu afirmarei que tudo existe – menos o mundo.

O segundo pensamento fundamental deste livro é o NOVO REALISMO. O Novo Realismo descreve uma postura filosófica que pretende designar a era após o chamado "pós-modernismo" (era esta que eu, em termos estritamente autobiográficos, inaugurei no verão de 2011 – exatamente em 23 de junho de 2011, à uma e meia da tarde – durante um almoço em Nápoles com o filósofo italiano Maurizio Ferraris[1]). A princípio, o Novo Realismo nada mais é do que o nome para a era depois do pós-modernismo.

---

1 Para os chamados "detalhes históricos" cf. FERRARIS, M. *Manifesto del nuovo realismo*. Roma, 2012.

O pós-modernismo foi a tentativa de recomeçar radicalmente após o fracasso de todas as grandes promessas de salvação da humanidade, desde as religiões até as ciências modernas e as ideias políticas excessivamente radicais do totalitarismo da esquerda e da direita. O pós-modernismo queria romper com a tradição e nos libertar da ilusão de que existe um sentido da vida que todos devem buscar[2]. Mas, em sua tentativa de nos libertar, ele apenas gerou novas ilusões – sobretudo a ilusão de que estamos presos em nossas ilusões. O pós-modernismo queria nos convencer de que a humanidade estaria, desde a pré-história, sofrendo sob uma gigantesca alucinação coletiva, a metafísica.

Aparência e ser

Podemos definir a metafísica como tentativa de desenvolver uma teoria do mundo como um todo. Ela pretende descrever como é o mundo de verdade, não como ele se apresenta a nós, como ele aparenta ser. Desse modo, a metafísica de certo modo inventou o mundo. Quando falamos sobre "o mundo", referimo-nos a tudo o que realmente é o caso, ou: à realidade. Parece lógico ou natural excluir o ser humano da equação "o mundo = tudo o que realmente é o caso". Pois costumamos supor que exista uma diferença entre as coisas como elas parecem ser e as coisas como realmente são. Para descobrir como realmente são precisamos, portanto, subtrair toda participação humana no processo de conhecimento. E com isso já estamos atolados na filosofia.

O pós-modernismo, por sua vez, objetou dizendo que *só* existem as coisas como elas parecem ser. Não existe nada por trás disso, nenhum mundo ou realidade em si. Alguns representantes um pouco menos radicais do pós-modernismo como o filósofo norte-americano Richard Rorty concediam que pode existir algo por trás do mundo como ele se apresenta a nós, mas que isso não tem nenhuma relevância para o ser humano.

---

2 Como introdução a esses contextos sugiro EAGLETON, T. *Der Sinn des Lebens*. Berlim, 2008.

No entanto, o pós-modernismo nada mais é do que uma variante da metafísica. Na verdade, tratava-se de uma forma muito generalizada do construtivismo. O CONSTRUTIVISMO se baseia na suposição segundo a qual não existem fatos em si; antes, todos os fatos são construídos apenas por meio de nossos múltiplos discursos e dos métodos científicos. O representante mais importante dessa tradição é Immanuel Kant. Ele afirmou que não temos como reconhecer o mundo como ele é em si. Não importa o que reconhecemos, esse reconhecimento é sempre também produto do ser humano.

Vejamos um exemplo muito usado nesse contexto: as cores. O mais tardar desde Galileu Galilei e Isaac Newton, suspeita-se que as cores não existem de verdade. Essa suposição irritou tanto alguns personagens amantes das cores como Goethe que eles desenvolveram uma própria *Teoria das Cores*. Poderíamos crer que as cores nada mais seriam do que ondas de determinada frequência captadas por nossos órgãos de visão. Na verdade, o mundo seria completamente incolor, ele consistiria apenas de partículas quaisquer, que se encontram numa ordem de grandeza mediana para então estabilizar-se reciprocamente. E é exatamente essa tese que é a metafísica. Ela alega que o mundo é completamente diferente daquilo que ele parece ser. Mas Kant foi muito mais radical. Ele afirmou que também essa suposição – de partículas no tempo-espaço – seria apenas um dos modos como o mundo aparenta ser. Seria impossível descobrir como ele é de verdade. Todo nosso conhecimento seria produto nosso, e justamente por isso seríamos também capazes de reconhecê-lo. Em uma famosa carta à sua noiva Wilhelmine von Zenge, Heinrich von Kleist explicou o construtivismo kantiano da seguinte forma:

> Se todos os seres humanos tivessem óculos verdes no lugar de olhos, eles seriam obrigados a chegar à conclusão de que os objetos vistos por eles *são* verdes – e jamais poderiam saber se seu olho lhes mostra as coisas como são ou se ele não lhes acrescenta algo que não pertence a elas, mas ao olho. O mesmo se aplica à razão. Não temos como saber se

aquilo que chamamos de verdade é verdadeiramente verdade ou se ela apenas aparenta ser verdade[3].

O construtivismo acredita nos "óculos verdes" de Kant. O pós-modernismo acrescentou a isso que nós usamos não só um par de óculos, mas muitos óculos: a ciência, a política, as diversas línguas naturais, as convenções sociais etc. Tudo isso nada mais seria do que um jogo complexo de ilusões, no qual atribuímos uns aos outros o nosso lugar no mundo. Ou, em outras palavras: O pós-modernismo via a existência humana como um longo filme francês, no qual todos os atores tentam seduzir uns aos outros, adquirir poder sobre os outros e manipulá-los. O filme francês da atualidade questiona esse clichê com ironia inteligente, basta lembrar aqui os filmes *Choses secrètes*, de Jean-Claude Brisseau, ou *Anatomie de l'enfer*, de Catherine Breillat. De forma bem-humorada e jocosa essa opção é refutada também por *i ♥ huckabees*, de David O. Russell, um filme que, ao lado de clássicos como *Magnolia*, serve como um dos melhores testemunhos para o Novo Realismo.

Mas a existência e o conhecimento humano não são uma alucinação coletiva, tampouco estamos presos em mundos imaginários ou sistemas conceituais por trás dos quais se ocultaria o mundo verdadeiro. O Novo Realismo parte da convicção de que nós reconhecemos o mundo como ele realmente é. É claro que podemos estar errados, nesse caso estaríamos nos iludindo. Mas simplesmente não é verdade que nós sempre (ou quase sempre) nos enganamos.

O Novo Realismo

Para entender em que sentido o Novo Realismo representa uma nova postura diante do mundo podemos recorrer a um exemplo simples: Suponhemos que uma moça chamada Astrid se encontre em Sorrento e esteja olhando para o Vesúvio, enquanto

---

3 VON KLEIST, H. *Sämtliche Briefe*. Stuttgart, 1999, p. 213 [carta de 22/03/1801 a Wilhelmine von Zenge] [org. de Dieter Heimböckel].

nós (ou seja, você, prezado leitor, e eu) estamos em Nápoles também olhando para o Vesúvio. Nesse cenário existe, portanto, o Vesúvio – o Vesúvio visto por Astrid (em Sorrento) e o Vesúvio visto por nós (em Nápoles). A metafísica alega que, nesse cenário, existe um único objeto real, o Vesúvio. No nosso caso, este está sendo contemplado por uma pessoa em Sorrento e por outras em Nápoles, o que pouco importa ao Vesúvio. O Vesúvio não se importa com quem se interessa por ele. Isso é metafísica.

O construtivismo, por sua vez, pressupõe a existência de três objetos nesse cenário: o Vesúvio da Astrid, o Vesúvio do leitor e o meu Vesúvio. Por trás destes não existe nenhum objeto, certamente nenhum objeto que nós poderíamos reconhecer.

O Novo Realismo, porém, acredita que existem pelo menos quatro objetos nesse cenário:
1) O Vesúvio.
2) O Vesúvio visto de Sorrento (perspectiva de Astrid).
3) O Vesúvio visto de Nápoles (perspectiva do leitor).
4) O Vesúvio visto de Nápoles (minha perspectiva).

É fácil entender por que essa opção é a melhor. É fato não só que o Vesúvio é um vulcão que se encontra em determinado ponto da superfície da Terra, que, neste momento, pertence à Itália, mas é igualmente fato que, visto de Sorrento e de Nápolis, ele se apresenta de maneiras diferentes. Até mesmo os meus sentimentos mais secretos suscitados pela contemplação do vulcão são fatos (mesmo que permaneçam secretos até um aplicativo complicado para o iPhone 1000 Plus conseguir escanear e publicar meus pensamentos na internet). O Novo Realismo supõe, portanto, que os pensamentos sobre fatos existem com o mesmo direito como os fatos sobre os quais refletimos.

Tanto a metafísica quanto o construtivismo fracassam em virtude de uma simplificação injustificada da realidade, pois entendem a realidade ou como mundo sem espectadores ou como mundo dos espectadores. O mundo que eu conheço é, porém, sempre um mundo com espectadores, no qual fatos que não se interessam por mim coexistem com meus interesses (e percepções, sentimentos etc.). O mundo não é nem exclusivamente o mundo sem espectadores nem exclusivamente o mundo dos espectadores. Esse é o Novo Realismo. O realismo antigo, a metafísica, se interessava apenas pelo mundo sem espectadores, enquanto o construtivismo fundamentava de forma bastante narcisista o mundo e tudo o que é o caso exclusivamente em nossas imaginações. Ambas as teorias levam a nada.

Precisamos então explicar como podem existir espectadores num mundo, no qual nem sempre e nem em todos os lugares existem espectadores – uma tarefa que este livro solucionará por meio da introdução de uma nova ontologia. ONTOLOGIA designa tradicionalmente a "Teoria do Ente". O particípio do grego antigo *"to on"* significa "o ente" em português, e *"logos"* significa nesse contexto simplesmente "teoria". No fundo, a ontologia trata do significado da existência. O que estamos dizendo, por exemplo, quando afirmamos que suricatas existem? Muitos acreditam que essa pergunta se dirige à física ou, num sentido geral, às ciências naturais. Afinal de contas, tudo o que existe é matéria. Afinal de contas, não acreditamos em fantasmas capazes de ignorar as leis naturais e de voar ao nosso redor sem que nós os percebêssemos. (Bem, a maioria de nós não acredita nisso.) Mas se, por isso, afirmássemos que só existe aquilo que pode ser analisado cientificamente e dissecado por meio de um bisturi, microscópio ou tomógrafo, estaríamos exagerando muito. Pois nesse caso não existiriam nem a República Federativa da Alemanha nem o futuro, não existiriam números nem sonhos. Mas já que essas coisas existem, hesitamos em confiar aos físicos a tarefa de responder à pergunta referente ao ser. Como veremos, a física é tendenciosa.

A multiplicidade dos mundos

Creio que, desde que tenha começado a ler este livro, você está ansioso para descobrir o que, exatamente, pretendo dizer quando afirmo que o mundo não existe. Não quero torturá-lo desnecessariamente e adianto, desde já, o que tentarei demonstrar mais tarde com a ajuda de experimentos mentais, exemplos e paradoxos. À primeira vista, o mundo aparenta ser o âmbito de tudo aquilo que simplesmente existe sem a nossa colaboração e no qual vivemos. Hoje em dia, costumamos falar do "universo" quando queremos nos referir àquelas profundezas infinitas, onde inúmeros sóis e planetas seguem suas órbitas e onde, numa região insignificante da Via Láctea, os seres humanos construíram sua civilização. O universo realmente existe. Não alegarei que as galáxias ou os buracos negros não existem. Mas alego que o universo não é o todo. Na verdade, o universo é apenas uma província.

O UNIVERSO designa o objeto das ciências naturais, que pode ser explorado por meio de experimentos. Mas o mundo é consideravelmente maior do que o universo. Fazem parte do mundo também estados, sonhos, possibilidades não realizadas, obras de arte e, sobretudo, nossos pensamentos sobre o mundo. Ou seja, existem muitos objetos que não podemos tocar. Quando você tenta acompanhar o meu raciocínio sobre o mundo, você não desaparece e passa a contemplar o todo do mundo "de fora", por assim dizer. Nossos pensamentos sobre o mundo permanecem no mundo, pois infelizmente não conseguimos escapar dessa confusão toda por meio de uma simples reflexão.

Mas se também os estados, os sonhos, as possibilidades não realizadas, as obras de arte e principalmente os nossos pensamentos sobre o mundo fazem parte do mundo, ele não pode ser idêntico ao objeto de pesquisa das ciências naturais. Pelo que sei, a física e a biologia ainda não incorporaram a sociologia, o direito ou a linguística. E pelo que sei, a *Mona Lisa* ainda não foi dissecada num laboratório de química. Certamente, isso seria um empreendimento bem caro e bastante absurdo. Portanto, o MUNDO só pode ser definido de forma sensata se o designarmos como âmbito de todos os âmbitos. O mundo seria então o âmbito em que existem não só as coisas e os fatos que existem também independentemente de nós, mas também todas as coisas e todos os fatos que só existem em dependência de nós. Pois o mundo pretende ser o âmbito que abarca tudo – a vida, o universo e todo o resto.

No entanto, é justamente esse mundo que tudo abarca que não existe e que não pode existir. Essa tese principal pretende não só destruir a ilusão segundo a qual o mundo existe e à qual a humanidade se agarra com tanta teimosia, mas eu quero aproveitá-la também para extrair dela conhecimentos positivos. Pois eu afirmo não só que o mundo não existe, mas afirmo também que, com exceção do mundo, todo o resto existe.

Isso pode soar estranho, mas pode ser demonstrado facilmente com a ajuda de nossas experiências diárias. Imagine um encontro com amigos para um jantar num restaurante. Existe aqui um âmbito que abarca todos os outros âmbitos? Podemos, por assim dizer, traçar um círculo ao redor de tudo o que faça parte dessa ida ao restaurante? Bem, vejamos: Provavelmente não somos os únicos no restaurante. Existem vários clientes em mesas com dinâmicas de grupo e preferências diferentes. Existe, além disso, o mundo dos garçons, da dona do restaurante, dos cozinheiros, mas também dos insetos e das aranhas e das bactérias invisíveis presentes no restaurante. Existem, além disso, os eventos no nível subatômico, como também as mitoses, as dificuldades intestinais e as oscilações hormonais. Alguns desses eventos e objetos estão interligados, outros não. O que sabe a aranha anônima colada no teto sobre o meu humor ou sobre as minhas preferências nutricionais? Mesmo assim, a aranha faz parte da minha ida ao restaurante, mesmo que eu não a perceba. O mesmo vale para a digestão desequilibrada, que também não ocupa o centro das atenções.

Existem, portanto, nessa visita ao restaurante muitos âmbitos, pequenos mundos isolados, que coexistem, mas que não interagem. Existem muitos mundos pequenos, mas não um único mundo, ao qual todos pertencessem. Isso não significa que os muitos mundos pequenos são apenas perspectivas sobre o mundo como um todo; significa apenas que são muitos mundos pequenos. Eles realmente existem, não só na minha imaginação.

É exatamente nesse sentido que podemos compreender minha afirmação de que o mundo não existe. É simplesmente errado afirmar que tudo interdepende de tudo e que tudo está interligado. A afirmação popular segundo a qual uma batida de asas de uma borboleta no Brasil pode provocar um furacão no Texas é simplesmente errada. Muito está conectado a muito, mas é errado (na verdade, impossível) que tudo esteja conectado a tudo. É claro que cada um de nós gera contextos o tempo todo. Geramos imagens de nós mesmos e do nosso ambiente, localizamos e inserimos nossos interesses em nosso ambiente. Quando sentimos fome, por exemplo, geramos um mapa de comida do nosso ambiente – o mundo se transforma em comedouro. Em outros momentos, concentramos nossa atenção em determinado raciocínio (espero que este seja o caso neste momento). Em outros momentos, nossos objetivos são outros. Tentamos nos convencer de que sempre nos movimentamos no mesmo mundo – precisamos fazer isso para levar-nos a sério. Nossos afazeres diários nos parecem infinitamente significativos, e, de certa forma, realmente o são. Pois temos apenas uma única vida, que se desdobra dentro de um horizonte de eventos temporalmente muito limitado. Mas lembremo-nos: Na infância, algumas coisas eram infinitamente importantes para nós, coisas que hoje consideramos ninharias. O dente-de-leão, por exemplo. E também em nossa própria vida os contextos mudam e se transformam constantemente. Mudamos nossa autoimagem e a imagem do nosso ambiente e nos adaptamos em cada momento a uma situação que jamais existiu até então.

A situação do mundo como um todo é analógica. Este existe tão pouco quanto existe um contexto que abarcasse todos os contextos. Simplesmente não existe uma regra ou fórmula mundial capaz de descrever tudo. Não porque ainda não a encontramos, mas porque ela simplesmente não pode existir.

Menos do que nada

Aqui, voltamos à diferenciação entre metafísica, construtivismo e Novo Realismo. Os metafísicos alegam que existe uma regra universal, e seus representantes mais corajosos alegam também que a encontraram. Assim, segue no Ocidente há quase três mil anos um descobridor da fórmula universal ao outro: desde Tales de Mileto até Karl Marx ou Stephen Hawking.

O construtivismo, por sua vez, alega que não temos como reconhecer essa regra. Em vez disso, envolvemo-nos em conflitos de poder ou em atos comunicativos e tentamos, a seu ver, fechar um acordo sobre a ilusão que pretendemos aceitar por ora.

O Novo Realismo, por sua vez, tenta responder com consequência e seriedade à pergunta se uma regra desse tipo pode existir. A resposta a essa pergunta não é apenas outra construção. Em vez disso, pretende – como qualquer resposta a qualquer pergunta séria – determinar o que é o caso. Seria estranho se alguém lhe respondesse à pergunta se ainda há manteiga na geladeira: "Sim, mas na verdade a manteiga e a geladeira são apenas ilusões, uma construção humana. Na verdade, não existem manteiga nem geladeira. Bem, pelo menos não sabemos se existem. Mesmo assim: Bom apetite!"

Para entender por que o mundo não existe é preciso entender primeiro o que significa o fato de algo existir. Algo só existe se ele ocorre no mundo. Onde poderia existir algo se não no mundo, se o entendermos como o todo, como o âmbito em que ocorre tudo o que ocorre. Agora, o próprio mundo não ocorre no mundo. Pelo menos, nunca o vi, senti ou provei. E mesmo quando refletimos sobre o mundo, o mundo *sobre o qual* refletimos não é idêntico ao mundo *no qual* refletimos. Pois neste momento em que eu reflito sobre o mundo, essa minha reflexão é um evento muito pequeno no mundo, é meu pequeno pensamento sobre o mundo. Além deste existem ainda inúmeros outros objetos e eventos: chuva, dor de dente e o palácio da chanceler alemã.

Quando refletimos sobre o mundo, aquilo que compreendemos é diferente daquilo que queremos compreender. Jamais conseguimos compreender o todo. Ele é simplesmente grande demais para qualquer pensamento. Isso, porém, não é uma mera deficiência da nossa capacidade de conhecimento, tampouco se deve ao fato de um mundo ser infinito (conseguimos compreender o infinito pelo menos em parte, p. ex., na forma do cálculo infinitesimal ou da Teoria dos Conjuntos). O mundo não pode existir, porque ele não ocorre no mundo.

Por um lado, eu afirmo então que existe menos do que poderíamos esperar, pois o mundo não existe. Ele não existe e não pode existir. Disso, tirarei conclusões importantes que, entre outras coisas, são contrárias à imagem científica do mundo em sua versão propagada pelas mídias e políticas sociais. Na verdade, eu argumentarei contra todas as imagens do mundo. Pois é impossível construir uma imagem do mundo, já que ele não existe.

Por outro lado, porém, afirmo também que existe muito mais do que poderíamos esperar, pois tudo além do mundo existe. Alego que existem unicórnios em uniformes de polícia no lado escuro da lua. Pois esse pensamento existe no mundo, por isso existem também unicórnios em uniformes de polícia. Pelo que sei, porém, eles não existem no universo. Esses unicórnios não podem ser encontrados por uma missão da NASA à lua, nenhum astronauta, nenhuma espaçonave conseguirá fotografá-los. E quanto a todas as outras coisas que supostamente também não existem: elfos, bruxas, armas de destruição em massa em Luxemburgo etc.? Pois esses também ocorrem no mundo, por exemplo, em traduções erradas, em contos de fada e em psicoses. Minha resposta é: Existe também tudo aquilo que não existe – só que tudo isso não existe no mesmo âmbito. Elfos existem em contos de fada, mas não em Hamburgo; armas de destruição em massa existem nos Estados Unidos, mas não – pelo que sei – em Luxemburgo. A pergunta, portanto, nunca é apenas se algo existe, mas também *onde* aquilo existe. Pois tudo o que existe existe em algum lugar – mesmo que apenas em nossa imaginação. A única exceção é, mais uma vez, o mundo. Este não existe nem mesmo na nossa imaginação, pois não conseguimos imaginá-lo. Aquilo que imaginamos quando acreditamos na existência do mundo é, por assim dizer, "menos do que nada", como diz o título de um livro do filósofo rebelde Slavoj Žižek[4].

---

4 ŽIŽEK, S. *Less Than Nothing* – Hegel and the Shadow of Dialectical Materialism. Londres, 2012.

Neste livro pretendo apresentar-lhe os fundamentos de uma ontologia nova e realista. Portanto, não apresentarei em primeira linha outras teorias – farei isso apenas quando um pouco de história nos ajudará a alcançar uma compreensão melhor. Este livro não pretende ser uma introdução geral à filosofia ou uma história da epistemologia, mas uma tentativa de desenvolver uma nova filosofia da forma mais compreensível possível. Não precisamos primeiro processar os clássicos quase incompreensíveis da filosofia para entender o que acontece aqui. Eu queria escrever este livro de modo que pudesse ser lido também por pessoas sem qualquer formação filosófica.

Como todas as filosofias, esta também começa no início. Por isso, definirei da forma mais clara possível os conceitos mais importantes. Esses conceitos são impressos em letras maiúsculas, e esses conceitos podem ser consultados no glossário. Por isso, eu lhe prometo com toda sinceridade que monstros verbais da filosofia como "a síntese transcendental da apercepção" ocorrerão neste livro apenas naquelas passagens em que eu lhe prometer que eles não ocorrerão neste livro.

Ludwig Wittgenstein disse certa vez: "Aquilo que pode ser dito pode ser dito com clareza"[5].

Eu acato esse ideal, pois a filosofia não deveria ser uma ciência secreta para uma elite, mas um debate público (mesmo que, às vezes, ela teime em ser um tanto complicada). Por isso, eu me limito a oferecer-lhe um caminho bastante original pelo labirinto das talvez maiores perguntas filosóficas: De onde viemos? Onde nos encontramos? E qual é o sentido disso tudo?

A esperança de poder dizer algo realmente novo sobre essas velhas perguntas da humanidade pode parecer um tanto ingênua; no entanto, as próprias perguntas são ingênuas. Muitas vezes, são as crianças que as fazem – e espero que nunca deixem de fazê-las.

---

5 WITTGENSTEIN, L. "Tractatus logico-philosophicos". *Werkausgabe*. Vol. 1. Frankfurt am Main, 2006, p. 9.

As duas primeiras perguntas filosóficas que fiz a mim mesmo me vieram no caminho para a escola primária, e elas nunca me abandonaram. Certa vez, uma gota de chuva caiu em meu olho, e isso fez com que eu enxergasse uma mesma lanterna duas vezes. Então eu me perguntei se ali existiam uma ou duas lanternas. Perguntei-me também se eu podia confiar em meus sentidos. A outra pergunta me veio quando percebi de repente que o tempo passa e que eu designava situações completamente diferentes com a mesma palavra "agora". Foi provavelmente naquele instante que tive a ideia de que o mundo não existe, mas precisei de vinte anos para processar esse pensamento filosoficamente e para diferenciá-lo do pensamento segundo o qual tudo é uma ilusão.

Entrementes, ensino Filosofia há alguns anos em diversas universidades e, em inúmeras ocasiões, discuti com pesquisadores do mundo inteiro sobre os problemas da epistemologia e do ceticismo filosófico (meus principais temas de pesquisa). Você não deve se surpreender ao saber que tenho questionado praticamente tudo o que encontrei pela frente (principalmente as minhas próprias convicções). Mas uma coisa se tornou cada vez mais clara: A tarefa da filosofia é sempre recomeçar do início, toda vez.

I
Afinal de contas, o que é o mundo?

Comecemos então pelo início! Para que tudo isso? Essa é a pergunta filosófica fundamental *par excellence*. Certo dia, viemos ao mundo, sem saber nossa origem nem destino. Depois, educação e costume nos ajudaram a encontrar um lugar no mundo. E, assim que nos acostumamos com o mundo, nós nos esquecemos de perguntar: Qual é o sentido de tudo isso? Afinal de contas, o que é isso, o mundo?

Normalmente, nossos encontros, nossas esperanças e nossos desejos fazem sentido na nossa vida. Neste momento, por exemplo, estou sentado num trem na Dinamarca. Ao meu lado, uma pessoa está escrevendo um SMS, o condutor passeia pelos corredores, e de vez em quando ouço uma transmissão em dinamarquês. Tudo isso faz sentido, pois estou a caminho de Århus, uma cidade no norte da Dinamarca, e eu estou viajando de trem e vivencio coisas que costumam acontecer em trens. Agora, imagine um ser alienígena de sete metros e vinte de altura feito de um líquido verde gosmento que embarque nesse mesmo trem. Tudo pareceria estranho e até mesmo incompreensível a esse ser. Ele rasteja pelos corredores estreitos do meu vagão e tenta absorver todas essas impressões novas (principalmente sobre esses animais peludos sentados em seus bancos e concentrados em telas minúsculas em suas mãos).

Os filósofos contemplam o mundo como alienígenas ou crianças. Tudo é sempre muito novo. Eles desconfiam de juízos arraigados, desconfiam até mesmo da pretensão de conhecimento dos especialistas. A princípio, os filósofos não acreditam em nada. Nisso seguimos o exemplo de um grande herói filosófico: Sócrates. Em sua famosa apologia diante do tribunal ateniense, Sócrates declarou: "Sei que nada sei"[6]. Pelo menos para os filósofos, a validade disso continua irrestrita.

Mesmo assim podemos aprender muito da filosofia, principalmente a lição de que nunca devemos esquecer que o mundo pode ser bem diferente daquilo que ele parece ser. A filosofia questiona tudo o tempo todo, também a própria filosofia. E apenas assim temos uma chance de entender o porquê disso tudo. Quando nos ocupamos intensamente com a filosofia e suas grandes perguntas, aprendemos a questionar o que aparenta ser óbvio — uma postura responsável por quase todas as grandes conquistas da humanidade. Se ninguém tivesse levantado a pergunta como deveríamos conviver uns com os outros, jamais teríamos criado a democracia ou a ideia de comunidades livres. Se ninguém tivesse perguntado onde é que nós estamos, não saberíamos que a Terra é redonda e que a lua é apenas uma rocha no espaço. Essa afirmação ainda rendeu ao filósofo grego Anaxágoras um processo por blasfêmia. E Giordano Bruno, o maior filósofo italiano, foi condenado como herege porque acreditava em alienígenas e na infinitude do universo. Isso parecia incompatível com a teologia cristã, que acreditava que o ser humano e a Terra ocupavam o centro da atenção de Deus e que Deus havia criado o universo num momento específico (razão pela qual o universo não podia ser infinito).

A pergunta fundamental deste livro é, portanto, o porquê disso tudo. A vida humana, a história humana e o conhecimento humano têm algum sentido? Não seríamos antes apenas animais num planeta qualquer, um tipo de formigas cósmicas ou porcos no espaço? Somos apenas seres muito estranhos, que alienígenas muito estranhos acham tão estranhos quanto nós achamos estranhos os alienígenas do filme *Aliens*?

---

6 Cf. PLATÃO. "Apologie des Sokrates". In: WOLF, U. *Sämtliche Werke*. Vol. 1. Hamburgo, 2004, p. 17s.

Se quisermos descobrir o porquê disso tudo, precisamos primeiro esquecer tudo o que acreditamos saber e começar pelo início. René Descartes descreveu a postura filosófica fundamental corretamente quando disse que devemos questionar tudo em que acreditamos na vida. Por isso, sugiro que esqueçamos por ora todas as nossas convicções habituais e perguntemos – como alienígenas ou crianças – onde é que nós estamos. Pois antes de perguntarmos pelo *porquê* disso tudo, parece-me sensato tentarmos responder primeiro à pergunta: *O que* é isso tudo?

Em *O dedo mindinho de Buda* (2009), um romance russo muito popular da atualidade, uma figura chamada Pjotr Pustota (em português: Pedro Vazio) faz o seguinte raciocínio: Moscou se encontra na Rússia; a Rússia se encontra em dois continentes; os continentes se encontram na Terra; a Terra se encontra na Via Láctea; e a Via Láctea, no Universo. Mas onde se encontra o universo? Onde se encontra o âmbito em que tudo o que foi mencionado acima se encontra? Ele se encontra apenas nos nossos pensamentos que refletem sobre esse âmbito? Mas onde se encontram nossos pensamentos? Se o universo se encontra em nossos pensamentos, estes não podem se encontrar no universo. Ou podem? Ouçamos a conversa socrática dos dois protagonistas:

> Brindamos e bebemos. "Onde fica a Terra?" "No espaço". "E onde fica o espaço?" Parei para pensar um momento. "Em si mesmo." "Onde fica esse 'em si mesmo'?" "Em minha consciência." "Disso segue, Petka, sua consciência está em sua consciência." "Sim, é isso que segue disso." "Então", disse Tschapajew e alisou seu bigode, "agora me ouça com muita atenção. Em que lugar ela se encontra?" "Não entendo bem... O conceito de lugar é também uma categoria da consciência, de forma que..." "Onde fica o lugar? Em que lugar se encontra o conceito de lugar?" "Digamos, em lugar nenhum. Seria melhor dizer que a reali..." Não terminei minha oração. Então é assim!, pensei. Se eu usasse a palavra "realidade", ele voltaria a me confrontar com meu pensamento e me perguntaria onde nos

encontramos. E se então eu dissesse: na cabeça... um pingue-pongue eterno[7].

Assim, Pjotr entendeu o pensamento vertiginoso de que o mundo não existe. No fim das contas, tudo acontece num grande não lugar. O título original do romance é, numa tradução um pouco mais literal, *Tschapajew e o vazio*, e seu autor, que hoje goza de fama mundial, o autor russo Viktor Olegovič Pelevin, nos dá no título uma resposta à pergunta onde nós nos encontramos: Nós nos encontramos no universo, e este se encontra no vazio, no não lugar. Tudo é cercado por um grande vazio, o que nos lembra da *História sem fim*, de Michael Ende, onde o mundo imaginário infantil, suas fantasias, é constantemente ameaçado de ser engolido pelo nada. Tudo acontece apenas em nossa imaginação, e fora dela existe o nada, que ameaça nossas fantasias. Por isso, diz a mensagem do livro, precisamos cultivar a imaginação infantil e não devemos parar de sonhar como adultos, caso contrário somos engolidos pelo nada, uma realidade sem qualquer importância, na qual nada faz sentido.

A filosofia se ocupa com as perguntas levantadas por romances como *O dedo mindinho de Buda* e a *História sem fim*, por filmes como *A origem*, de Christopher Nolan, ou o precursor incomparavelmente melhor de *Matrix*, o filme *Welt am Draht*, de Rainer Werner Fassbinder. Essas perguntas não foram feitas apenas por romances do pós-modernismo ou pela cultura pop dos séculos XX e XXI. A pergunta se a realidade nada mais é do que uma ilusão gigante, um simples sonho, deixou rastros profundos na história do espírito humano. Ela é levantada há milênios em todos os lugares em que existem religião, filosofia, poesia, pintura e ciência.

E também a ciência natural moderna questiona grande parte da realidade, mais especificamente aquela realidade que nós vivenciamos por meio dos sentidos. Galileu Galilei, por exemplo, outro herege italiano condenado, já duvidou no início da Idade Moderna

---

7 Cf. PELEWIN, V. *Buddhas kleiner Finger*. Munique: Verlag Volk und Welt, 1999, p. 179s. [Trad. de Andreas Tretner].

que as cores existem independentemente de nossas percepções, e alegou que a realidade é incolor e que ela consiste de objetos materiais e de seus deslocamentos, que podem ser descritos matematicamente. A física teórica moderna é ainda mais radical. Os representantes da chamada Teoria das Cordas acreditam que a realidade não está sujeita nem mesmo a tempo e espaço num sentido familiar. O tempo-espaço de quatro dimensões poderia ser um tipo de holograma, que, a partir de dimensões superiores, é projetado sobre determinados processos que podem ser descritos por equações físicas[8].

O homem moderno já se acostumou com o pensamento de que a realidade é diferente do que parece ser. Nós aprendemos isso já na escola – quando, por exemplo, constatamos com surpresa que podemos usar letras para fazer cálculos. Ou em viagens, quando nos vemos obrigados a rever preconceitos arraigados. Se tantos objetos se tornam questionáveis sob uma inspeção mais minuciosa, se todo conhecimento é inserido em um tipo de profundo não conhecimento, por que, então, continuamos a confiar na realidade como ela se apresenta, em um mundo no qual parecemos estar vivendo?

Você e o universo

Neste capítulo, pretendo analisar mais de perto a pergunta sobre onde tudo acontece e respondê-la filosoficamente. Para responder a essa pergunta de forma sensata, precisamos primeiro distinguir dois conceitos, em relação aos quais existe uma grande confusão na ciência, no dia a dia, mas também na filosofia. Estou falando dos conceitos de mundo e universo.

Comecemos pelo universo. Atualmente, esse conceito vem sofrendo uma sobrecarga mística e religiosa. Em campeões de venda esotéricos como *Bestellungen beim Universum* (Pedidos ao univer-

---

8 Cf. GREENE, B. *Das elegante Universum* – Superstrings, verborgene Dimensionen und die Suche nach der Weltformel. Berlim, 2002.

so) ou em filmes contemporâneos e seriados de TV (com frequência sobretudo na comédia popular *How I Met Your Mother*), o universo é visto como lugar do destino: O universo quer algo de nós ou nos comunica algo. Aqui, o universo representa o todo máximo no qual nos encontramos. Quando nos perguntamos o que são a realidade, o mundo, o cosmo e o universo, perguntamos de forma bastante indistinta o que é o todo, e depois nos perguntamos maravilhados qual seria o sentido de tudo isso.

A pergunta referente ao sentido da vida e a pergunta sobre o que é o todo estão, portanto, intimamente interligadas. Se partirmos da suposição de que o todo nada mais é do que um monte enorme de partículas subatômicas ou de estruturas ainda muito mais absurdas – por exemplo, um número inimaginável de cordas, que vibram em dez dimensões espaciais e em uma dimensão temporal e, dependendo de sua frequência, se apresentam na forma de um elétron ou de alguma outra coisa – é relativamente difícil extrair disso algum sentido, pois nesse caso a nossa própria vida se apresenta como uma ilusão, como mero efeito de partículas sem espírito. Se eu partir do pressuposto segundo o qual eu sou apenas um monte de cordas vibrantes, que nutre a ilusão de ser um ser humano com interesses, planos, desejos e medos, o nada da *História sem fim* já me alcançou.

Quando falamos do universo, já damos uma resposta implícita à pergunta o que seria esse todo em que nos encontramos. Diferentemente de tantos adeptos do esoterismo, costumamos imaginar o universo como acúmulo gigantesco de galáxias e outras constelações astronômicas que brilham diante de um pano de fundo negro. Nossa imagem do universo se parece com uma fotografia gigante tirada por um tipo de telescópio Hubble. E nós mesmos nos encontramos em algum ponto desse universo – mais precisamente no terceiro planeta de um sistema solar que, juntamente com mais ou menos 400 bilhões de outras estrelas, forma parte do sistema da Via Láctea.

À primeira vista, isso parece ser uma determinação espacial pouco problemática. Do tipo: Estou sentado na minha sala na Rua

Helenenberg na cidade de Sinzig am Rhein. Mas isso engana. Existe uma diferença fundamental entre uma sala e um planeta. Planetas e galáxias são objetos da astronomia e, portanto, da física; uma sala, não. Uma das diferenças entre salas e planetas é que nós mobiliamos uma sala, nós comemos nela, passamos roupa e assistimos TV nela. No que diz respeito aos planetas, nós os observamos, medimos sua composição química por meio de experimentos complicados, determinamos sua distância de outras formações astronômicas etc. A física nunca trata de salas de estar, no máximo de objetos que se encontram nesta sala, contanto que estejam sujeitos às leis da natureza. As salas simplesmente não aparecem na física; mas os planetas, sim.

Portanto, salas e planetas não pertencem ao mesmo campo de objetos. Um CAMPO DE OBJETOS é um âmbito que contém um tipo específico de objetos, e existem regras que vinculam esses objetos uns aos outros. Existe, por exemplo, o campo de objetos da política. A esse campo de objetos pertencem os eleitores, comitivas eleitorais, a chamada base dos partidos, impostos e muitas outras coisas. Existe também o âmbito dos números naturais, ao qual pertencem, por exemplo, os números 7 e 5 e ao qual se aplicam determinadas leis aritméticas. Um campo de objetos não é necessariamente delimitado espacialmente. O prefeito de Oberwesel pode viajar para Londres no fim de semana, sem que deixe de ser prefeito de Oberwesel. Regras ou leis determinam o que faz parte de um campo de objetos. Algumas dessas regras são locais e espaciais. Assim, por exemplo, os cinco dedos da minha mão esquerda pertencem ao campo de objetos da minha mão esquerda. Se dois dos meus dedos ficarem em Århus quando eu viajar para Bonn, os dedos deixados em Århus deixariam rapidamente de fazer parte do campo de objetos da minha mão esquerda.

Em primeiro lugar, todos os objetos pertencem a campos de objetos. Em segundo lugar, existem muitos campos de objetos. Salas são campos de objetos; esperamos que determinados objetos ocorram nele: TV, poltrona, lâmpada de leitura, mesa de centro ou manchas de café. Galáxias também são campos de objetos; mas nestes não esperamos encontrar lâmpadas de leitura ou manchas de café, mas estrelas, planetas, matéria escura, buracos negros e muitas outras coisas. Prefeituras, por sua vez, abrigam outros objetos: funcionários públicos, arquivos, leis, orçamentos e tédio.

Existem, portanto, muitos campos de objetos, e sob condições normais somos perfeitamente capazes de distingui-los. Sabemos o que nos espera quando entramos numa secretaria da prefeitura: Você precisa pegar uma senha ou entrar na fila com outros cidadãos. Em determinados horários a espera demora mais do que em outros, e existem documentos importantes, que evidentemente esquecemos em casa. No campo de objetos desse ato burocrático, porém, não ocorrem objetos físicos no sentido estrito da palavra. O ato burocrático não se interessa por elétrons e tampouco por composições químicas. Bem, é possível analisar um escritório quimicamente, é possível medir a distância exata entre dois pontos ou a velocidade de determinados objetos no espaço (p. ex., a velocidade dos ponteiros do relógio). Mas essa análise nada teria a ver com um ato burocrático. A análise física ou química de um determinado ponto no tempo-espaço, ocupado por um escritório, deixa de ser uma análise do escritório, pois os objetos que pertencem ao escritório não ocorrem como tais na física ou na química. Isso se deve ao fato de que a física não estuda clipes de papel ou funcionários públicos. A física se interessa por movimento, velocidade, causa e efeito e muitas outras coisas, mas não por funcionários públicos ou pelo número exato de clipes usado diariamente. Por isso, não estudamos literalmente tudo na física ou na química. Uma pessoa que pretende pedir recursos financeiros para uma pesquisa física sobre o *Fausto*, de Goethe, terá dificuldades de convencer a banca científica – simplesmente porque a física não se interessa pelo conteúdo do *Fausto*, no máximo se interessa pelos objetos (átomos, moléculas etc.) que compõem livros ou outros documentos, que preservam o conteúdo do *Fausto*.

Voltemos para a nossa localização no universo! Acreditávamos que nossa sala se encontra no universo. Mas isso não é bem assim. Pois o universo é apenas o campo de objetos das ciências naturais, principalmente da física. Constatemos então: O universo é primariamente algo no qual ocorre tudo o que pode ser analisado com os métodos das ciências naturais. Talvez o universo seja o tempo-espaço de quatro dimensões, mas não sabemos disso com certeza absoluta, razão pela qual eu deixo aos físicos a tarefa de responder à pergunta sobre o que ocorre exatamente no universo. Como filósofo, porém, posso dizer que o universo não é tudo, pois representa apenas o campo de objetos ou o âmbito de pesquisas da física. Mas já que a física – como qualquer outra ciência – é cega para tudo aquilo que ela não analisa, o universo é menor do que o todo. O universo é apenas parte do todo, não é o todo em si.

Já que o universo é o campo de objetos da física, quando falamos em "universo", logo pensamos em extensões infinitas, nas quais nos perdemos. Ficamos tontos diante de tamanhas infinitudes, perdemos o chão sob os pés. Basta imaginar que nos encontramos na Terra, que, em decorrência de determinadas leis naturais, nos atrai. A Terra se movimenta em alta velocidade pelos amplos espaços do universo, sem que pudéssemos determinar onde, exatamente, nós nos encontramos. Conceitos como centro e periferia não são boas descrições do tempo-espaço. Pois aqui não existe nem centro nem margem; quem afirmar o contrário, ainda adere a uma imagem antiga do mundo, como se a Via Láctea ocupasse o centro e como se existisse o perigo de cair do universo às suas margens. O filósofo pessimista Arthur Schopenhauer descreveu nossa situação no universo da seguinte maneira:

> Inumeráveis esferas brilhantes no espaço infinito, e ao redor delas mais uma dúzia de espécies menores e esclarecidas, quentes em seu interior, mas frias e solidificadas em sua superfície, em que se criaram diversos seres vivos e inteligentes; – esta é a verdade empírica, o real, o mundo. No entanto, para um ser pensante é uma situação deplorável encontrar-se em uma dessas inúmeras esferas que flutua no espaço infinito, sem saber de onde nem para onde, e saber-se apenas como um de incontáveis seres semelhantes, que se apertam, motivam, torturam,

surgindo e desvanecendo sem descanso, num tempo sem início nem fim: nada que persiste além da matéria e do retorno das mesmas formas orgânicas variadas, por meio de determinados caminhos e canais existentes[9].

Se localizarmos toda a vida e todo sentido no universo, o sentido da vida murcha de certa forma para o tamanho da ilusão de formigas que se acham importantes. Do ponto de vista cósmico, tudo indica que, por mero interesse de sobrevivência, nutrimos a fantasia arrogante segundo a qual o ser humano e seu mundo de vivência são algo especial. Mas no universo nosso sentido não ocupa nenhuma função central. Para uma galáxia extinta há muito tempo, cuja luz nos alcança neste momento, é totalmente irrelevante se eu tomei café de manhã ou não. No universo, somos, no melhor dos casos, uma espécie biológica entre outras, e a única coisa que importa é orientar um corpo faminto num ambiente material e cooperar com outros para aumentar a chance de sobrevivência.

Se não, não conseguirmos encontrar um sentido de vida no universo, isso não significa que realmente somos formigas que correm pela superfície de uma esfera iluminada. A razão verdadeira para essa experiência de irrelevância e falta de sentido se deve antes ao fato de estarmos misturando campos de objetos completamente diferentes. O universo designa não só uma coisa, mas também um modo de visão específico. Nós não nos encontramos numa determinação local óbvia e sem alternativas, não nos encontramos num nome inequívoco para o todo, mas num resultado de uma operação mental complexa. O universo, por maior que seja, é apenas um recorte do todo.

Em um de seus muitos aforismos, Friedrich Nietzsche constatou: "Ao redor do herói tudo se transforma em tragédia, ao redor do semideus tudo se transforma em sátira; e ao redor de Deus

---

9 SCHOPENHAUER, A. "Die Welt als Wille und Vorstellung". In: LÜTGE-HAUS, L. *Werke in fünf Bänden*. Vol. 2. Zurique, 1988, p. 11.

tudo se transforma – em quê? talvez em 'mundo'?"[10] Poderíamos acrescentar que ao redor do cientista natural tudo se transforma em universo, ou que ao redor do soldado tudo se transforma em guerra. Se acreditarmos que tudo o que existe se encontra no universo, ou que todos os eventos ocorrem no universo, cometemos o erro de acreditar que um campo de objetos entre muitos é o todo. É como se acreditássemos que as plantas só existem porque estudamos botânica.

Se localizarmos nossa sala no universo, passamos de um campo de objetos para outro sem percebê-lo. Se definirmos o universo com uma precisão maior do que de costume, descobrimos que muitos objetos não pertencem ao universo – ou seja, não pertencem a um campo de objetos da ciência natural. O seriado *Stromberg* ou o romance *A montanha mágica*, de Thomas Mann, não são analisados por qualquer ciência natural, mesmo assim eles ocorrem no campo de objetos da sala. Isso nos leva ao primeiro resultado, ao qual precisamos nos acostumar primeiro: *Existem muitos objetos que não existem no universo*. Ou seja, o universo é menor do que suspeitávamos, mesmo que consista de centenas de bilhões de galáxias e de um número astronômico de partículas subatômicas. O universo possui uma carga energética inimaginável e abarca muitos fatos inexplorados e... mesmo assim, é apenas uma província entre outras, um PROVÍNCIA ONTOLÓGICA do todo. O universo é ontologicamente provincial simplesmente porque existe muito que não ocorre no universo. Existem além do universo muitos outros campos de objetos. Isso não significa que os outros campos de objetos existam todos fora do universo – o que seria uma tese completamente diferente (e falsa). *A montanha mágica*, de Thomas Mann, ou a República Federativa da Alemanha não existem em um lugar diferente do universo, de certa forma por trás ou acima das galáxias; não são, por assim dizer, "hiper" ou "metagalácticas".

---

10 NIETZSCHE, F. "Jenseits von Gut und Böse". In: COLLI, G. & MONTINARI, M. (orgs.). *Kritische Studienausgabe in 15 Bänden*. Voil. 5. Munique, 2009, p. 99.

Antes de continuarmos, sugiro que pausemos por um instante para responder a uma objeção. A objeção afirma que todos os objetos que eu enumerei pertencem sim ao universo, pois todos eles consistem de matéria, que é estudada pela física. É verdade, todas as mesas de centro normais em todas as salas normais consistem de matéria. No entanto, as mesas de centro imaginadas em salas de estar imaginadas, por exemplo, não consistem de matéria, tampouco quanto as cédulas de cem euros imaginárias consistem de matéria. Seria muito fácil tornar-se rico se simplesmente pudéssemos imaginar três milhões de cédulas de cem euros e comprar com elas uma bela casa no centro da cidade. Assim que tivéssemos pago a casa com esse dinheiro imaginário, poderíamos reestabelecer o saldo anterior na nossa conta imaginária imaginando a quantia de dinheiro necessária. O mesmo vale para as lembranças. Se hoje eu me lembrar cinco vezes do jantar de ontem, eu não engordo só por causa disso, porque um jantar lembrado – ou melhor, a imagem da lembrança de um jantar – simplesmente não engorda. Os objetos e as cenas das lembranças não existem de modo material, elas não ocorrem (ou não ocorrem mais) no universo.

O materialismo

A esta altura é importante fazer a distinção entre fisicalismo e materialismo. Enquanto o FISICALISMO alega que tudo o que existe se encontra no universo e, por isso, pode ser analisado fisicamente, o MATERIALISMO alega que tudo o que existe é material. Em sua variação clássica do atomismo, conhecida desde a Antiguidade, o materialismo alega que, na verdade, só existem átomos – como, por exemplo, as "partículas de Deus", os elementos básicos da matéria – e o vazio em torno deles. Existem ainda outras variantes do materialismo, e a expressão pode designar teorias bem diversas. Mas aqui eu emprego o termo exclusivamente no sentido dessas duas teorias: (1) tudo o que existe ocorre no universo, e (2) tudo o que ocorre no universo é material ou tem um fundamento material. Segundo o materialismo, tudo o que existe consiste de partículas elementares, que compõem tudo, desde átomos de hidrogênio até os Alpes e os meus pensamentos, que, segundo o materialismo, são estados cerebrais e só existem como tais.

Os materialistas acreditam que lembranças ou imaginações, por serem estados do cérebro, são materiais, mesmo que os objetos que lembramos ou imaginamos não sejam de natureza material. Tudo isso, porém, é muito estranho. Como explicar, por exemplo, que os estados do cérebro são materiais, mas que eles podem remeter a objetos imateriais na forma de imaginações? Como objetos materiais podem se referir a qualquer coisa que não seja de natureza material? Quando o materialista concede que os estados cerebrais tratem de algo que não seja material, ele já confessou que existe algo que não é material, ou seja, os objetos imateriais aos quais os estados cerebrais podem se referir. Imaginemos que um alienígena de cor esverdeada e tricéfalo esteja escrevendo um livro intitulado de *Por que os seres humanos não existem*. Pelo que sabemos, nada no universo corresponde a essa ideia. No entanto, tampouco podemos excluir essa possibilidade, de forma que aqui, como também em inúmeros outros casos, não podemos ter certeza se o conteúdo de um estado cerebral remeta ou não a algo material.

Junta-se a isso um segundo problema: O materialista acredita que as nossas imaginações de objetos imateriais só existem porque nós nos encontramos em determinados estados materiais que tratam de algo. Disso segue que também o materialista se encontra em algum estado material quando pensa: "Existem apenas estados materiais". Já sabemos que alguns estados materiais (estados cerebrais como imaginações) remetem a objetos imateriais e tratam deles de alguma forma. Como, então, o materialista pode saber que seu pensamento "Existem apenas estados materiais" não é uma imaginação? Como ele pode ter certeza de que os estados materiais sobre os quais ele reflete não são imaginações e, portanto, realmente materiais?

Para confirmar isso, o materialista poderia proceder de forma indutiva e experimental. Ele precisaria analisar todos os objetos e todos os pensamentos e demonstrar que eles são materiais. Isso seria bastante trabalhoso e dificilmente poderia ser realizado por falta de tempo. A massa de dados a serem analisados é simplesmente grande demais. A alegação segundo a qual o pensamento "Existem apenas estados materiais" é verdadeiro não pode ser demonstrada simplesmente por meio da contemplação de todos os objetos (e, portanto, também de todos os pensamentos) para determinar se eles são materiais. Mas como o materialista pode saber então que todos os objetos são estados materiais? Se ele não tem como provar isso, não temos nenhum motivo para aderir ao materialismo.

O materialismo não é, portanto, uma afirmação que possa ser demonstrada pela ciência natural. E não só isso, ele é também simplesmente errado. Podemos demonstrar isso com a ajuda de dois problemas especialmente sérios do materialismo. Para o materialismo, tudo o que supostamente não é material existe apenas, por assim dizer, como apêndice ao material. Essa tese é atraente porque promete oferecer uma explicação completa do mundo que diz: Tudo o que existe é material, inclusive nossos pensamentos, que são estados materiais (neuronais) do nosso cérebro. Tudo o que aparenta ser não material é apenas uma ilusão.

O primeiro problema do materialismo é o problema da identificação. O materialismo ensina que minha imaginação de uma mesa de centro com manchas de café pode ser remetida ao fato de que a mesa de centro e as manchas de café consistem de objetos físicos, por exemplo, de partículas subatômicas. Mas a fim de escolher corretamente as partículas subatômicas relevantes para a mesa de centro com as manchas de café, pressupõe-se que procuremos as partículas da mesa de centro (e não as partículas do controle remoto, que se encontra sobre a mesa de centro). Para tanto, porém, precisamos reconhecer a existência da mesa de centro, pois é apenas a mesa de centro que pode nos levar às suas partículas. O mesmo vale para as imaginações; precisamos reconhecer a existência de imaginações e, portanto, de conteúdos não materiais para poder identificar o grupo de partículas responsáveis por estas. Ou em termos mais generalizados: O materialismo precisa reconhecer a existência de imaginações para poder negá-las no passo seguinte. Isso é uma contradição.

O segundo problema bastante devastador do materialismo consiste no fato de o próprio materialismo não ser material. O materialismo é uma teoria, segundo a qual tudo, sem exceção, consiste apenas de objetos materiais (de partículas elementares ou sei lá o quê). Se isso fosse verdade, então a verdade da Teoria do Materialismo também seria uma configuração de partículas elementares, que se manifestaria, por exemplo, na forma de estados neuronais do cérebro do materialista. No entanto, um pensamento não se torna verdadeiro simplesmente pelo fato de ser um estado cerebral. Caso contrário, cada pensamento entretido por uma pessoa como estado cerebral se tornaria verdadeiro pelo simples fato de ser entretido. A verdade de um pensamento não pode ser idêntica ao estado cerebral de uma pessoa em determinado momento. Ou em termos mais gerais: É absolutamente obscuro como devemos imaginar um conceito materialista de verdade ou conhecimento. Pois a verdade em si dificilmente seria uma partícula elementar ou consistiria de partículas elementares.

Em que ponto chegamos agora? Reconhecemos que a operação mental que localiza tudo dentro do universo, desde a nossa sala, as manchas de café, nossos vizinhos e os funcionários públicos até as galáxias, é inconsistente. Aparentemente, nem tudo pode ser localizado no universo. Isso seria possível apenas se o fisicalismo ou o materialismo fossem opções viáveis. Essas teorias, porém, representam equívocos bastante toscos. Elas confundem um campo de objetos específico com o todo. É como se um cientista natural dissesse ao condutor do trem que este não existe, pois este nada mais é do que um amontoado de partículas (o que, porém, não o impedirá de adquirir uma passagem).

"O mundo é tudo o que é o caso"

Precisamos distinguir o MUNDO do universo. Mas, afinal de contas, o que é isso, o mundo? A que se refere a expressão "o mundo"? No dia a dia, nós a usamos hoje para a Terra, nosso planeta em que vivemos. Na língua inglesa, estabeleceu-se o costume de chamar de "mundos" também planetas mais ou menos habitáveis fora do nosso sistema solar. Existe também o emprego de "mundo" no sentido do mundo de um romance, do mundo dos aborígines, do mundo dos bem-aventurados ou do mundo dos romanos. De certa forma por natureza, todos nós tendemos a identificar o mundo com a totalidade de todos os objetos existentes. Mas, para que essa totalidade possa existir, precisamos ter um tipo de lei ou regra que preserve essa totalidade. O mundo dos romanos não é simplesmente apenas a totalidade dos objetos que existiam na época dentro o Império, mas também a relação entre esses objetos e determinado modo de lidar com esses objetos, ou seja, a cultura romana, seus costumes e hábitos. Nas primeiras sentenças de seu *Tractatus logico-philosophicus*, Ludwig Wittgenstein foi o primeiro a chamar a atenção para esse ponto decisivo:

1) O mundo é tudo o que é o caso.

1.1) O mundo é a totalidade dos fatos, não das coisas[11].

Podemos explicar da seguinte forma o que ele quis dizer: Tomemos como exemplo uma coisa conhecida, uma maçã, por exemplo. A maçã, se encontra numa tigela de frutas. Suponhemos então que no mundo existisse apenas a maçã, a tigela de frutas e o espaço que elas ocupam. Neste caso, poderíamos crer que o mundo é idêntico à totalidade dessas três coisas:

1) a maçã;

2) a tigela de frutas;

3) o espaço que elas ocupam.

No entanto, o mundo não seria o mundo que é se a maçã fosse maior do que a tigela de frutas ou se ela não se encontrasse na tigela de frutas. Pois o mundo consiste da maçã *dentro* da tigela de frutas. Portanto, existem além das coisas em si também fatos que correspondem à relação das coisas entre si.

Um FATO é algo que é verdadeiro em relação a algo. É verdadeiro em relação à maçã que ela se encontra dentro da tigela.

---

11 WITTGENSTEIN, L. *Tractatus logico-philosophicus*. Frankfurt am Main, 2006, p. 9.

Os fatos são pelo menos tão importantes para o mundo quanto as coisas ou os OBJETOS. Vemos isso se fizermos um experimento mental bem simples. Suponhemos que existam apenas coisas, mas nenhum fato. Nesse caso, nada seria verdadeiro em relação a essas coisas, pois isso seriam fatos. Consequentemente, seria verdadeiro em relação a essas coisas que nada é verdadeiro em relação a elas. Isso é uma contradição bastante óbvia e ruim. Em todo cenário imaginável existe, portanto, pelo menos um fato, no entanto existem cenários imagináveis sem coisas. Outro experimento mental simples demonstra isso: Imaginemos que nada, absolutamente nada exista: tempo, espaço, suricatas, meias, planetas, sóis, nada disso. Nessa situação extremamente erma e triste seria o caso que nada existe, e o pensamento segundo o qual nada existe nesse caso aparenta ser verdadeiro. Disso segue, porém, que também no nada ermo existe pelo menos um fato, ou seja, o fato de que se trata de um nada ermo. Esse fato, porém, de forma alguma seria nada. Pelo contrário, ele seria o fato absolutamente decisivo, a verdade sobre o ermo absoluto. Portanto, existe também no nada ermo algo, ou seja, aquilo que é verdadeiro em relação ao nada ermo. Disso segue que é absolutamente impossível existir absolutamente nada. Pois é necessário que exista pelo menos um fato para que todo o resto possa não existir.

Um mundo sem fatos não existe. Não existe nem mesmo nada sem que fosse fato de que nada existe. Se não existir nada para o almoço, isso é um fato, e, sob determinadas circunstâncias, um fato bastante desagradável. O nada não existe. Sempre alguma coisa é o fato, sempre alguma coisa é verdadeira em relação a alguma coisa. Ninguém e nada pode escapar dos fatos. Não importa quão onipotente Deus seja, mas nem Ele conseguiria escapar dos fatos, pois seria um fato que Ele/Ela é Deus e não nada. No entanto, é fácil imaginar um mundo sem coisas. Nos meus sonhos não existem objetos com extensão espacial e temporal, apenas objetos sonhados (essa é também a distinção decisiva entre objetos e coisas: estas são sempre de natureza concreta e material; aqueles, não necessariamente). Objetos sonhados se parecem com coisas espaçotemporais, no entanto, não o são, a não ser que, no sonho, saiamos de nosso corpo e voemos pelo universo – algo que eu considero altamente improvável.

Já sabemos que o mundo é um contexto geral. Sabemos também que o mundo não é a totalidade apenas dos objetos ou das coisas, mas também dos fatos. A essa altura, Wittgenstein encerra sua análise, pois ele acreditava que existia uma totalidade dos fatos que define o mundo.

Mas nós já sabemos mais do que Wittgenstein, pois sabemos que não existem apenas coisas, objetos e fatos, mas também campos de objetos. Por isso, já podemos constatar: O MUNDO é um campo de campos, o campo de objetos que abriga todos os campos de objetos (diferentemente do universo, que abriga apenas o campo de objetos da ciência natural). Sabemos também que existem vários campos de objetos que, em parte, se excluem mutuamente, mas também se incluem de formas bem variadas. O campo de objetos da história da arte exclui que as obras de arte do Renascimento sejam quimicamente decompostas e recompostas. Isso destruiria os objetos da história da arte. O campo de objetos dos números naturais, por sua vez, inclui o campo de objetos dos números pares. O campo de objetos da política democrática comunal exclui que um único partido participe das eleições, ou seja, ele exclui o unipartidarismo, mas inclui outros campos de objetos, como, por exemplo, o clube de boliche local.

Os fatos não são, portanto, todos iguais. A base dos fatos é dividida em campos de objetos. Ainda veremos que isso é imprescindível. A essa altura da nossa reflexão basta constatar que tudo sugere a existência de vários campos de objetos. A base dos fatos apresenta, portanto, estruturas; ela é dividida em regiões, em PROVÍNCIAS ONTOLÓGICAS.

A essa altura poderíamos, mais uma vez, levantar uma objeção. Será que os campos de objetos são realmente províncias ontológicas na base dos fatos. São, de certa forma, realmente campos distintos da realidade? A base dos fatos é realmente um tipo de tapete remendado? Um argumento contrário parece ser que os campos de objetos, dos quais falamos até agora, seriam, na verdade, campos de fala. Nós *falamos* sobre salas e partículas elementares, sobre manchas de café e políticos comunais, girafas e a lua. Mas como sabemos que a própria realidade se divide nesses campos? A divisão do mundo em campos de objetos não seria talvez apenas uma *façon de parler*, um modo de falar?

Essa objeção poderia se apoiar no seguinte raciocínio: Muitos objetos, talvez todos, são compostos de outros objetos. Meu corpo consiste de diferentes órgãos e membros, meus livros têm páginas, meu fogão tem bocas, às vezes há neve nas cordilheiras, e a cordilheira consiste de várias montanhas, e os desertos consistem de inúmeros grãos de areia. Esses objetos podem ser reagrupados e, muitas vezes, suas fronteiras não são nítidas. Se abrirmos um novo vale no meio de uma cordilheira, separando assim a cordilheira: Temos agora duas cordilheiras ou ainda apenas uma (com uma pequena interrupção)?

Ou suponhemos que entramos no ateliê de um artista e vemos uma mesa, sobre a qual parece haver uma garrafa. Já que estamos com sede, nós nos aproximamos da mesa e tentamos levantar a garrafa. Constatamos, então, que a mesa e a garrafa formam um único objeto de bronze, que foi pintado pelo artista para se parecer com uma mesa de madeira sobre a qual se encontra uma garrafa. Esse tipo de coisas acontece com frequência também em contextos científicos: Descobre-se que a água é feita de moléculas, que estas consistem de átomos; e estes, por sua vez, de núcleons. Muitos campos de objetos supostamente reais acabam se revelando como ilusões, como projeções humanas, demasiadamente humanas. Com que direito, então, podemos supor que a própria realidade consista de muitos campos de objetos? As divisões que fazemos não seriam antes expressão da necessidade humana de conhecimento e de seus equívocos? Talvez os campos de objetos nem existam, talvez exista realmente apenas uma única totalidade dos fatos.

Esse raciocínio esconde uma série de pequenos erros discretos, apesar de expressar também algumas verdades. Comecemos primeiro com a observação de que realmente precisamos estar preparados para, sob determinadas condições, excluir alguns campos de objeto da nossa imagem do mundo, aquilo que chamo de REDUÇÃO ONTOLÓGICA. Realizamos uma redução ontológica quando descobrimos que um aparente campo de objetos nada mais é do que um campo de fala, que um discurso aparentemente objetivo nada mais é do que tagarelice. Nesse sentido, tudo aquilo que lemos sobre bruxas na bula da bruxaria e em textos semelhantes do início da Modernidade é tagarelice; mesmo que, na época, representavam uma tentativa de confrontar toda a loucura com um pouco de racionalidade. Por isso, só fazemos jus a esses textos se investigarmos os contextos históricos e psicológicos dentro dos quais eles surgiram. São apenas documentos históricos; não são, porém, documentos que contêm conhecimento sobre bruxas. Quem espera obter informações sobre bruxas comete um equívoco enorme, o conto de fadas *João e Maria* lhe seria mais útil. O mesmo vale para a organização dos reinos dos animais ou das plantas. A biologia nos ensinou que baleias não são peixes. Muito daquilo que descobrimos sobre o "mundo" nos leva a efetuar reduções ontológicas, simplesmente porque o ser humano adere a grandes equívocos sobre muitas coisas durante muito tempo. Nos cinco séculos passados, isso nos levou a atribuir apenas às ciências a capacidade de descobrir o que é o caso. Já que descobrimos que muitos campos de objetos são apenas campos de fala vazia, mera tagarelice, adquirimos o conceito da redução ontológica. "Redução" significa literalmente "recondução". Quando realizamos uma redução ontológica, reconduzimos um campo de objetos para um campo de fala e mostramos que ele não é objetivo no sentido por ele alegado, mas que é determinado por acasos históricos, socioeconômicos ou psicológicos. Por isso, precisamos de uma teoria do equívoco para muitos campos de objetos. Uma TEORIA DO EQUÍVOCO explica o equívoco sistemático de um campo de fala e o remete a uma série de pressuposições equivocadas.

Realizar uma redução ontológica exige um conhecimento científico substancial, seja ele do tipo da ciência natural, da ciência do espírito ou da ciência social. Uma biografia de Bismarck revolucionária pode transformar nosso campo de objetos da política tanto quanto uma pessoa que consegue demonstrar que a Terra gira em torno do Sol; e todo o sistema solar, em torno de outra coisa.

O construtivismo

Tudo isso significa que não podemos simplesmente reduzir todos os campos de objetos ontologicamente a um único. Para podermos realizar uma redução ontológica de um único campo de objetos de forma cientificamente fundamentada, precisamos recorrer já a um determinado método científico. Esse método se distingue de outros. Assim, já pressupomos que existem vários campos de objetos. Querer reduzir todos a um único é simplesmente um empreendimento ambicioso demais, que de forma alguma faz jus à complexidade da realidade ou à complexidade das formas de conhecimento humano. Uma redução ontológica de tudo a um único é, no melhor dos casos, expressão de uma preguiça nada científica.

Na verdade, a humanidade se encontra num equívoco em relação a muitas coisas. Não conseguimos nem mesmo mesurar até onde se estende o nosso não conhecimento, pois em muitos casos não fazemos ideia daquilo que não sabemos. Disso, porém, não segue que todos os campos de objeto sejam apenas projeções humanas, apenas divisões úteis de uma realidade homogênea, mas de resto independente do nosso conhecimento. Aqueles que argumentam dessa forma acabam sendo obrigados a reconhecer o paradoxo segundo o qual também a pressuposição de uma realidade homogênea, que nós dividimos de modos diferentes, também nada mais é do que uma divisão humana. Isso se esconde também por trás da famosa declaração de Nietzsche:

> Não, fatos não existem, apenas interpretações. Não podemos determinar um fato "em si": talvez seja loucura desejar tal coisa. "Tudo é subjetivo", dizem vocês: mas também isso já é interpretação, o "sujei-

to" não é algo dado, mas uma invenção adicionada, algo postulado como pano de fundo[12].

Grande parte das afirmações contidas nessa situação são falsas, sendo que Nietzsche dá voz a um raciocínio que hoje tem representantes proeminentes em todas as ciências. Podemos chamar esse pensamento, do qual me distanciei já na introdução, de "construtivismo". O termo CONSTRUTIVISMO significa para mim a suposição segundo a qual "não podemos determinar um fato 'em si'" e segundo a qual todos os fatos são construídos por nós.

Se houver alguma coisa que apoie essa suposição, seria o fato de que nós realmente geramos de forma mais ou menos ciente convicções científicas por meio dos nossos aparatos, mídias e teorias: Realizamos experimentos, formulamos resultados com fórmulas e equações matemáticas, submetemos sapos a vivissecções, observamos partículas subatômicas com a ajuda de aceleradores de partículas, realizamos pesquisas, comparamos Goethe com Schiller em teses de doutorado ou escrevemos a história da legislação social desde Bismarck até o fim da República de Weimar.

Em todos esses casos recorremos a determinada seleção de métodos e partimos de determinadas precondições. Podemos chamar essa seleção de premissas, mídias, métodos e materiais de REGISTRO. Cada análise científica pressupõe que recorramos a determinado registro, por meio do qual produzimos conhecimentos científicos. E realmente esses registros não existiriam se não tivessem sido construídos pelos seres humanos. Tomemos como exemplo um microscópio, com a ajuda do qual observamos a bactéria *Yersinia pestis*. O conhecimento técnico e científico necessário para construir um microscópio é imenso, e o processo de observação não aconteceria sem a intervenção cognitiva humana. A região do mundo que observamos poderia ser observada também de outra forma – a olho nu, poderíamos também cheirar o microscópio ou escrever uma poesia sobre o líquido que contém a bactéria –,

---

12 NIETZSCHE, F. "Nachgelassene Fragmente 1885-1887". *Kritische Studienausgabe*, vol. 12, 7 (60), p. 315.

mas o resultado não seria o mesmo. Disso os construtivistas deduzem erroneamente que aquilo que observamos (os fatos) também é construído. Já que a mesma coisa pode ser descrita de formas diferentes e já que consideramos verdadeiras muitas dessas descrições, eles supõem que nós "reconhecemos" não os fatos em si, mas apenas aqueles fatos que se manifestam por intermédio do registro. Mas o simples fato de registrarmos algo de formas diferentes não significa que nós o geramos.

Essa suposição é especialmente evidente nas ciências interpretativas do espírito, que lidam com produtos culturais e, por isso, sempre com construções humanas, socioculturais e históricas. A interpretação de uma poesia de Hölderlin pode, por sua vez, ser interpretada (e analisada do ponto de vista estruturalista, psicanalítico ou hermenêutico). O construtivismo, porém, se propaga não só como interpretação da interpretação de produtos culturais, mas é encontrado também onde nós acusamos os cientistas naturais de apenas projetar modelos do mundo, em vez de reconhecer o mundo como ele é. Essa acusação não é, porém, apenas modéstia inapropriada, mas simplesmente também um erro, que pode ser reconhecido e corrigido facilmente.

Suponhemos que nos encontramos num trem e reconhecemos que passageiros estão embarcando. Nesse caso, trata-se de um fato que os passageiros estão embarcando num trem. Supondo que não estamos sendo vítimas de uma ilusão óptica (o que é possível, mas costuma ser uma exceção), nosso registro (nossos olhos) nos transmite uma imagem correta dos fatos. O fato assim reconhecido existe em si, o que significa nesse contexto: Os passageiros teriam embarcado no trem mesmo se ninguém a bordo do trem os tivesse observado. Igualmente, o *Fausto*, de Goethe, teria se apaixonado pela Gretchen mesmo se nenhum germanista jamais tivesse visto a peça. A representação do personagem "Albertine Simonet" em *À busca do tempo perdido*, de Proust, é um tratado literário complexo sobre o Impressionismo de Monet (Si-Monet), e não importa se o curso de introdução à ciência comparativa da literatura discuta isso ou não. O mesmo vale para a invenção por

Proust de um pintor chamado "Elstir", que ele compara com Monet em seu romance. Caso a humanidade venha a se esquecer de Monet algum dia, permaneceria mesmo assim verdadeiro que Monet viveu no mesmo Paris de Proust; Elstir, porém, existe apenas na imaginação de Proust e na nossa. Podemos perguntar quais são as figuras ou os eventos que Gustav von Aschenbach alucina em *A morte em Veneza*, de Thomas Mann, mas isso não significa que estaríamos interpretando o conto corretamente se supuséssemos que *tudo* o que Gustav von Aschenbach experimenta é uma alucinação e que, na verdade, ele está sentado em seu apartamento em Hamburgo, onde ingeriu uma dose excessiva de LSD.

Também dentro de romances, contos ou filmes, que costumamos chamar de "fictícios", existem fatos e ficções. Um personagem de um romance também pode imaginar estados de coisas. Até mesmo a fronteira considerada estável por muitos entre o mundo "fictício" e o mundo "real" é subversivamente minada por muitas obras de arte – como, por exemplo, por documentários fictícios como *The Office* ou *Parks and Recreation*. E filmes como *A origem* também solapam a distinção entre "ficção" e "realidade". *A origem* trata de uma tecnologia que nos transporta para os mundos do sonho, que nós consideramos reais, e assim brinca com o *topos* segundo o qual os filmes seriam mundos do sonho animados e visualisados.

Se realmente reconhecemos algo, reconhecemos fatos. Esses fatos são, muitas vezes, fatos em si, ou seja, fatos que subsistem também sem a nossa presença. Uma versão do construtivismo muito popular hoje em dia apela à ciência neurológica. Às vezes lemos e ouvimos que a colorida realidade de quatro dimensões, que nós experimentamos, nada mais é do que uma construção do nosso cérebro. Na verdade, existiriam apenas partículas físicas ou quaisquer processos "malucos", como, por exemplo, cordas oscilantes em espaços multidimensionais ou, na versão menos engenhosa, partículas subatômicas que, em virtude de determinadas leis, se coagulam para formar corpos sólidos incolores, que refletem partículas de luz. Por meio do contato com nossos receptores nervosos, estas gerariam estímulos que nosso cérebro usaria para criar um tipo de *videogame* interativo, que nós alucinamos coletivamente. Essas "visões" são atraentes porque conferem à nossa vida o brilho de um filme de ficção científica de Hollywood e nos levam a esquecer a tristeza de um animal pensante e trabalhador num planeta insignificante. O construtivismo cerebral ou neuronal é um conto de fadas moderno (ou melhor: pós-moderno) para pessoas que preferem viver num filme de terror como *Videodrome*, de David Cronenberg, do que no dia a dia tão banal.

Mas se analisarmos o neuroconstrutivismo mais de perto, reconhecemos imediatamente que ele nada tem de verdadeiro senão o fato de que realmente possuímos um cérebro e de que realmente existem partículas e excitantes teorias físicas especulativas. Se tudo aquilo que observamos por meio do nosso cérebro nada tiver a ver com a realidade, já que esta consistiria apenas de cordas oscilantes que se movimentam em onze dimensões, isso vale também para o nosso próprio cérebro. Segundo suas próprias afirmações, o neuroconstrutivismo seria obrigado a reconhecer que não possuímos um cérebro. Disso segue, porém, que a tese segundo a qual as quatro dimensões do nosso ambiente colorido nada mais seria do que uma simulação interna do nosso cérebro, nada mais seria do que uma simulação sem cérebro. Se interpretarmos o neuroconstrutivismo ao pé da letra, podemos ficar tranquilos: Pois ele não existe, ele é apenas uma simulação teórica e não uma construção demonstrável (muito menos verídica) de afirmações.

O erro fundamental do construtivismo consiste no fato de ele não reconhecer que reconhecer fatos não é um problema. A mulher sentada ao lado reconhece exatamente a mesma coisa como eu ao reconhecer o embarque de passageiros. Para o fato em si não importa se é a minha vizinha ou eu que o reconhece.

Como já vimos, podemos dizer no máximo que o *processo* de conhecimento é uma construção: Nem a vizinha no trem nem eu seríamos capazes de reconhecer o embarque de passageiros se não tivéssemos um cérebro ou quaisquer sentidos. Mas mesmo se afirmarmos que o processo de conhecimento é uma construção e que alguns construtivistas o reconstroem de forma mais ou menos adequada (mas eu duvidaria também disso), isso não prova que os fatos não existem.

As *condições do processo de conhecimento* são, na maioria dos casos, diferentes das *condições do objeto reconhecido*. O fato de eu olhar pela janela e não fechar meus olhos é condição para que eu veja como os passageiros embarcam no trem. O fato de o trem ter parado e de as portas estarem abertas é condição para que os passageiros entrem no trem. Os passageiros não embarcam no trem porque eu os vejo, mas eu vejo isso porque os passageiros embarcam no trem. Por isso, também não embarcam em minha consciência, mas no trem.

Às vezes, o construtivismo alega que a interpretação daquilo que precisa ser interpretado (uma constelação astronômica, um texto literário, uma sonata para piano) é muito mais complexo do que uma cena diária na plataforma de uma estação de trem. Mas esta também não é tão simples quanto aparenta ser. Nenhum outro animal neste planeta é capaz de reconhecer que passageiros estão embarcando num trem, pois os outros animais não possuem conceitos para trens ou passageiros. Meu cão, que está comigo no trem, talvez se alegre e balance o rabo quando vê como eu abro a porta na plataforma, mas ele não reconhece isso como embarque num trem. Talvez ele reconhece que logo estarei com ele, que estou acenando para ele, mas não que o trem acaba de entrar na estação (mesmo que perceba que um movimento cessou).

Tampouco importa aos fatos se nós os reconhecemos de todo ou em alguma medida qualquer. Mesmo que o conceito de fato esteja multiplamente vinculado ao conceito do conhecimento, nenhuma análise desses vínculos deveria chegar à conclusão segundo a qual não existem fatos, mas apenas interpretações, pois essa conclusão seria simplesmente errada e, por isso, a análise também teria errado em algum ponto[13].

---

13 Evidentemente, é correto que nem sempre reconhecemos algo e, ao mesmo tempo, também os registros por meio dos quais o reconhecemos.

Filósofos e físicos

O próprio mundo é dividido em campos. Se supormos que apenas nós dividimos o mundo, que ele não está dividido em si mesmo, isso seria como se disséssemos que não existem livros numa biblioteca, que existe apenas um único texto. Resta apenas a pergunta, que podemos responder com a ajuda da experiência e da ciência: Quais são os campos que compõem o mundo? E é justamente isso que tentamos descobrir o tempo todo, sendo que, às vezes, nos enganamos, muitas vezes, porém, acertamos.

Agora estamos perfeitamente equipados para responder à pergunta: O que é o mundo? O mundo é nem a totalidade das coisas nem a totalidade dos fatos. Ele é aquele campo em que ocorrem todos os campos que existem. Todos os campos que existem fazem parte do mundo. O mundo é, como o disse Martin Heidegger de forma tão certeira, "o campo de todos os campos"[14].

Como mostrarei nos próximos capítulos, a história da filosofia do conceito do mundo não terminou com Heidegger, pois ele apenas insinuou o que segue de seu conceito do mundo e como isso poderia ser justificado. Já que se trata de um conhecimento do mundo e de sua não existência, não precisamos nos preocupar com aquilo que Heidegger pretendia. Mesmo assim, devemos a ele o conhecimento segundo o qual o mundo é o campo de todos os campos (e com isso nos despedimos dele com um adeus amigável).

Quando reconheço que os passageiros estão embarcando no trem, vejo os passageiros, não vejo meu olho ou meu cérebro ou meus pensamentos. Mas posso também olhar um espelho e observar meu olho para assim obter informações sobre meu registro. É uma pergunta muito difícil de responder se existe um registro que consiga reconhecer a si mesmo e algo diferente. Talvez nosso pensamento, nossa razão possua essa capacidade. No entanto, essa pergunta não deve nos deter no momento. A quem se interessar por esse tema nada fácil, sugiro a leitura do meu livro *Die Erkenntnis der Welt. Eine Einführung in die Erkenntnistheorie*. Friburgo/Munique, 2012. Neste e em outros livros tentei demonstrar que não pode existir um registro capaz de reconhecer a si mesmo e, ao mesmo tempo, outra coisa.

14 HEIDGEGGER, M. "Aletheia" [Heraklit Fragment 16]. *Vorträge und Aufsätze*. Stuttgart, 2004, p. 270.

Em uma observação, que espero ter sido feita com a intenção de provocar (e não só como prova vergonhosa de sua falta de conhecimento), o físico inglês Stephen W. Hawking, grandemente superestimado como intelectual, declarou recentemente o seguinte:

> Já que os seres humanos vivem neste mundo enorme, por vezes bondoso, por outras cruel e olham para o céu imensurável acima deles, eles fazem, desde sempre, muitas perguntas. Como podemos compreender o mundo em que vivemos? Como o universo se comporta? Qual é a essência da realidade? De onde vem tudo isso? O universo precisa de um criador? A maioria de nós não gasta muito tempo com essas perguntas, mas quase todos refletem sobre isso de vez em quando. Tradicionalmente, são estas as perguntas da filosofia, mas a filosofia está morta. Ela não conseguiu acompanhar os desenvolvimentos recentes da ciência natural, sobretudo da física. Agora são os cientistas naturais que, com suas descobertas, avançam à busca de conhecimento[15].

Hawking identifica o mundo – o todo, a totalidade à qual pertencemos – com o universo. Há muito (no mínimo desde Platão e Aristóteles) a filosofia diferencia entre o universo no sentido do campo de objetos da física e aquilo que nós, os modernos, chamamos de "mundo". E nós já sabemos que o universo é uma província ontológica, algo que Hawking não percebeu, já que para ele (como físico) tudo em sua volta se transforma em física.

É claro que podemos acusar a filosofia de ainda não ter desenvolvido suficientemente o conceito de mundo. A razão disso é que, durante muito tempo, os filósofos permitiram que a ciência natural moderna os intimidasse. Entre os filósofos contemporâneos, isso vale especialmente para Jürgen Habermas. Habermas acata, com algumas modificações, o conceito de mundo de Kant.

---

15 HAWKING, S.W. & MLODINOW, L. *Der grosse Entwurf* – Eine neue Erklärung des Universums. Hamburgo: GmbH, 2010, p. 11 [trad. alemã de Hainer Kober].

Kant, e com ele Habermas, diz que o mundo é uma "ideia regulativa". Isso significa que nós pressupomos um mundo como todo e que precisamos compreender tudo o que experimentamos e reconhecemos como recortes desse mundo como um todo. Assim, garantimos a possibilidade de ter uma imagem do mundo coerente e sem contradições, já que o próprio mundo é uma unidade, cujos recortes podemos representar. O mundo em si não ocorre no mundo como recorte, ele é apenas a ideia que nos pressupomos para tornar os recortes inteligíveis. Habermas chama isso explicitamente de "suposição formal do mundo" (*formale Weltunterstellung*)[16], e ele a vincula à nossa prática sempre comunicativa do conhecimento do mundo:

> Uma visão conjunta da realidade como "região central" entre as "visões do mundo" das diferentes línguas é precondição imprescindível para uma conversa sensata. Para os interlocutores, o conceito da realidade se vincula à ideia regulativa de uma "soma de tudo o que pode ser reconhecido"[17].

Em outro lugar, Habermas fala da "totalidade dos objetos"[18], mas nós já sabemos que este é um conceito do mundo errado. Infelizmente, Habermas se contenta em reservar um pequeno distrito da análise da fala ou do discurso para a filosofia e em entregar o resto do conhecimento da realidade às ciências naturais e sociais, o que ele chama de "naturalismo fraco"[19]. Nisso, porém, ele esquece de justificar seu próprio conceito de mundo, pois sua intenção é em primeira linha defender um campo do social, que não pode ser naturalizado completamente, como área de análise da filosofia. Mas nós já vimos que a tese segundo a qual o mundo

---

16 HABERMAS, J. *Wahrheit und Rechtfertigung* — Philosophische Aufsätze. Frankfurt am Main, 1999, p. 24, 37, 46s.

17 Ibid., p. 73.

18 Ibid.

19 Ibid.

seria a "totalidade dos objetos" ou a "totalidade das coisas" é errada. Se o mundo fosse a totalidade dos objetos e nada mais, não existiriam fatos.

E também a outra definição usada por Habermas, ou seja, a "soma de tudo o que pode ser reconhecido", não nos leva adiante. Pois nem todos os fatos podem ser reconhecidos, não, pelo menos, para os seres humanos – os estados interiores de um buraco negro, por exemplo. As condições de sua vizinhança mais próxima são incompatíveis com a nossa possibilidade de reconhecer o que ocorre exatamente dentro dele (se é que aqui ainda ocorre algo). Disso não segue que não existem fatos dentro do buraco negro, mas apenas que eles não podem ser reconhecidos num sentido que nos seja compreensível.

Outro exemplo são os objetos de retração – objetos que desaparecem quando os observamos[20]. Poderia ser, por exemplo, que, no lado escuro da lua, se escondem elefantes cor-de-rosa de uma matéria desconhecida. Sempre que conseguimos observar o lado escuro da lua, os elefantes se esquivam, translocando-se com velocidade da luz para outro lugar ou camuflando-se como crateras lunares. Algumas interpretações do famoso princípio da incerteza de Heisenberg compreendem algumas características das partículas como objetos de retração. Pois por meio de nossa medição mudamos as características das partículas de tal forma que não conseguimos medir outras características ao mesmo tempo com a mesma medida de precisão. Isso se deve simplesmente ao fato de que toda observação (também por meio dos nossos sentidos) e cada processo de medição representam uma intervenção física no ambiente físico.

Dessas razões tratadas aqui apenas superficialmente segue que o conceito de mundo de Habermas é demonstravelmente falso. Enquanto Hawking subestima a filosofia por não ter uma noção adequada dela, Habermas é modesto e cauteloso demais, pois não

---

20 WILLIAMSON, T. "Past the Linguistic Turn". In: LEITER, B. (org.). *The Future for Philosophy*. Oxford, 2004, p. 106-128.

quer levantar objeções apressadas contra os resultados da pesquisa científica. Assim, Habermas superestima as ciências naturais. Apesar de ser basicamente recomendável e louvável apostar na ciência, na razão e no esclarecimento, não deveríamos por isso rebaixar desnecessariamente a ciência filosófica. Pois ela avança e recua como todas as outras ciências. Um grande avanço da filosofia é seu aprimoramento do conceito do mundo, que Habermas não leva em conta adequadamente e do qual Hawking nunca ouviu falar[21].

Resumo aqui os cinco resultados mais importantes deste primeiro capítulo:

1) O universo é o campo de objetos da física.

2) Existem muitos campos de objetos.

3) O universo é apenas um (mesmo que de tamanho impressionante) entre muitos campos de objetos e é, portanto, uma província ontológica.

4) Muitos campos de objetos são também campos de fala. Alguns campos de objetos são apenas campos de fala.

5) O mundo é nem a totalidade dos objetos ou das coisas nem a totalidade dos fatos. Ele é o campo de todos os campos.

---

21 Quem deseja se informar sobre o estado mais atual da discussão sobre a conexão delicada entre filosofia e ciência, deveria estudar a obra do grande filósofo norte-americano Hilary Putnam. Uma visão geral impressionante e relativamente compreensível oferece seu livro mais recente: *Philosophy in an Age of Science* – Physics, Mathematics, and Skepticism. Cambridge, MA/Londres, 2012.

II
O que é existência?

Já vimos que existem coisas e campos de objetos bem diferentes: suricatas, eleições municipais, o universo e salas. Já descobrimos também o que são coisas, campos de objetos e fatos. Neste capítulo, dedicaremos nossa atenção aos campos de sentido. Defenderei que os CAMPOS DE SENTIDO são as unidades ontológicas básicas – são os lugares onde algo se manifesta. Posso antecipar minha resposta à pergunta referente ao que é existência e dizer: Existência é a circunstância de algo se manifestar em um campo de sentido.

Podemos nos aproximar desse pensamento com uma simples ilustração. Imaginemos um rinoceronte num pasto. Esse rinoceronte existe. Afinal de contas, está no pasto. Essa circunstância de ele estar no pasto, de ele pertencer ao campo de sentido do pasto, é sua existência. A existência não é, portanto, apenas a ocorrência geral no mundo, mas a ocorrência em um de seus campos. Neste capítulo, você aprenderá por que esses campos são campos de sentido e o que isso significa.

Voltemos mais uma vez para a ONTOLOGIA. Essa expressão representa para mim a resposta sistemática às perguntas: O que é existência? O que significa a expressão "existência"? Distingo disso a metafísica. A METAFÍSICA representa para mim a resposta às perguntas: O que é o mundo? O que significa a expressão "mundo"? A metafísica pressupõe a existência do mundo.

Comecemos então com nossa ontologia. Quando digo que a resposta precisa ser "sistemática", quero dizer apenas que precisamos desenvolver um raciocínio no qual as sentenças e as argumentações que desenvolvemos e justificamos precisam estar interligadas e constituir uma única estrutura de pensamentos, uma teoria. Ao contrário de outras ciências, o material da ontologia consiste de conceitos, que nós analisamos. O êxito da nossa análise depende de muitos fatores. Acima de tudo, a ontologia precisa permanecer em contato com a nossa realidade de experiência. Quando nos deparamos com uma afirmação que não pode ser harmonizada com nenhuma das nossas experiências precisamos ter cometido algum erro, pois estamos tentando explicar o que significa dizer que algo existe. Se nossa explicação de repente excluir a possibilidade de algo existir, apesar de evidentemente existir, precisamos descobrir onde algo deu errado. Alguns ontologistas alegaram, por exemplo, que não existe nada que se movimenta, ou que o fluxo do tempo é apenas uma ilusão. Outros acreditam que o passado e o futuro não existem, que existe apenas o presente (e nem mesmo este, com toda certeza). Outros ainda afirmam que existem inúmeros mundos possíveis além do nosso, mas com os quais não podemos ter contato físico. Todas essas suposições curiosas resultam de uma ontologia errada. Se realmente acreditarmos que o tempo não passa enquanto estivermos formulando nossa ontologia, é evidente que algo deu errado. Além disso, posso garantir que, durante a redação dessas linhas, muitas coisas se movimentaram: meus dedos, o cursor, meu mouse, meus olhos, partes do meu cérebro, meus músculos, meu coração ou o trem em que me encontro. Portanto, deveríamos proceder com muita cautela durante os primeiros passos da ontologia e evitar saltos grandes.

Comecemos por isso com uma observação bem simples. Todos os objetos com os quais lidamos possuem determinadas características. Meu cachorro tem (felizmente) quatro patas, um pelo branco, marrom e cinza, se chama "Havannah" (uma longa história), é menor do que eu, gosta de iogurte e possui determinado código genético. O leão Leo, por sua vez (se é que ele existe), vive na África do Sul, possui uma juba gigantesca, seria capaz de engolir meu cão com uma única bocada, possui outro código genético, é especialista na caça a gazelas e nunca tomou banho (tente isso!).

Além de Havannah e Leo existem ainda muitos outros objetos com características completamente diferentes: buracos negros, filmes de David Lynch, pensamentos tristes no início do inverno e o Teorema de Pitágoras. Todos esses objetos têm determinadas características, que as diferenciam de outros objetos em seu ambiente físico, emocional ou lógico.

Ou vice-versa: O que distingue os objetos e os campos de objetos uns dos outros são as características que lhes pertencem. O campo de objetos dos números naturais se distingue de Leo pelo fato de não ser um ser vivo, de ele conter mais números do que o número de dentes de Leo, ou pelo fato de ele poder ser descrito em diferentes sistemas matemáticos por teoremas verdadeiros. E também os meus pensamentos tristes no início do inverno se diferenciam por meio de suas características claramente dos números naturais, mesmo que não possa excluir a possibilidade de que algum aluno do ensino fundamental tenha pensamentos tristes no início do inverno por causa dos números naturais.

As características distinguem objetos no mundo de alguns outros objetos no mundo. Isso suscita imediatamente duas perguntas filosóficas, que representam o núcleo do meu raciocínio:

1) Pode existir um objeto que possua todas as características que existem?
2) Todos os objetos se distinguem de todos os outros objetos?

Minha resposta a ambas as perguntas é "não". Disso deduzirei então que o mundo não existe. Caso contrário, o mundo seria, em primeiro lugar, um objeto que possui todas as características e, em segundo lugar, todos os objetos nele se distinguiriam de todos os outros. Prossigamos um passo por vez e de modo sistemático e comecemos com a pergunta número 1.

O superobjeto

OBJETOS são aquilo sobre o qual podemos refletir com pensamentos que podem ser verdadeiros. Com isso quero dizer o seguinte: Um pensamento que pode ser verdadeiro é um pensamento que pode ser verdadeiro ou falso. Isso não vale para todos os pensamentos. Vejamos, por exemplo, o pensamento

>E daí?

O pensamento "E daí?" não pode ser verdadeiro, pois ele não é verdadeiro nem falso. Já o pensamento

>Existem armas de destruição em massa em Luxemburgo

é diferente. Em determinado momento, esse pensamento é aparentemente ou verdadeiro ou falso. Eu pessoalmente creio que ele seja falso, mas confesso que posso estar enganado. Existem, porém, muitos pensamentos que não podem ser verdadeiros, por exemplo:

>Xô, xô

ou:

>A Suécia sueca cada montanha.

Muitos pensamentos que passam pela nossa consciência são figuras um tanto incompletas. Às vezes, começamos um pensamento e voltamos nossa atenção para outro antes mesmo de o primeiro alcançar o estado em que poderia ser verdadeiro. Pois nem sempre pensamos em sentenças completas, perfeitamente formuladas. No entanto, é importante manter em mente a seguinte diferença. O pensamento

>Neste momento, chove em Londres

pode ser verdadeiro. E posso verificá-lo facilmente, pesquisando o tempo em Londres na internet ou ligando para alguém em Londres e perguntando se está chovendo em Londres. O pensamento

>O número de galáxias no universo era, exatamente três milhões de anos atrás, ímpar

também pode ser verdadeiro, mas é muito difícil ou até mesmo impossível verificá-lo. O volume de pensamentos que podem ser verificados pelo ser humano é menor do que o volume dos próprios objetos. Os pensamentos que podem ser verificados por nós são, por assim dizer, uma pequena região clara dentro do todo, que Martin Heidegger descreveu com uma metáfora famosa como "a clareira". Nós nos encontramos numa clareira no meio de uma floresta, ou melhor, no meio de uma selva enorme.

Aquilo que se manifesta no facho de luz do conhecimento humano é, comparado com o todo, extremamente pouco, mesmo que, para a humanidade, seja de extrema importância. Ignoremos então tudo aquilo que ocorre além da clareira em algum lugar da selva e limitemo-nos àquilo que podemos reconhecer: Quando reconhecemos algo sobre um objeto, reconhecemos algumas de suas características. Por meio dessas características, o objeto se destaca dos outros objetos. Esse fato está contido na história da palavra "existência", pois existência provém do latim (com uma pré-história da antiguidade grega). O verbo *"existere"* significa "surgir, sobressair". Literalmente, a palavra significa "estar fora de", "destacar". Aquilo que existe se destaca, ele se destaca dos outros objetos por meio de suas características.

Quando conhecemos todas as características de um objeto, conhecemos todo o objeto. O objeto não é algo a mais e especial além de suas características, pois isso seria apenas mais uma característica do objeto. Eu sou todas as minhas características. Se, além disso, eu fosse também o portador das minhas características, isso também seria apenas uma das minhas características.

Um objeto que possuísse todas as características possíveis – podemos chamá-lo de SUPEROBJETO – não poderia existir ou se destacar do conjunto dos outros objetos: O superobjeto conteria em si todos os outros objetos, ele abarcaria todos os outros objetos. Por isso não pode se destacar deles. Pois os objetos podem ser descritos por conjuntos finitos e limitados de características. Nosso cachorro tem quatro patas, um pelo branco, marrom e cinza e determinado tamanho. Mas ele não é Batman. Algo que não se distingue em nada de todo o resto e é idêntico apenas consigo mesmo não pode existir. Ele não se destaca.

Monismo, dualismo, pluralismo

A ideia de que existe um superobjeto existe há milênios. Ela possui muitos adeptos também na filosofia da atualidade, por exemplo, o filósofo norte-americano Terence E. Hogan, que, em referência ao clássico da ficção científica *The Blob* (A bolha assassina) e de sua refilmagem de 1988, chama seu superobjeto de "blobjeto"[22]. A tese do BLOBJETIVISMO afirma que existe um único campo de objetos que abarca tudo e acredita que esse campo de objetos é, ele mesmo, um objeto. Pois nesse modelo todas as características estariam reunidas em um único campo. Se compreendermos esse campo como portador de todas essas características, acabamos de introduzir o superobjeto.

Na filosofia, chamamos os portadores de características de SUBSTÂNCIAS. No entanto, não devemos imaginar substâncias materiais concretas no sentido coloquial de "matéria". Desde a Modernidade com seus grandes metafísicos René Descartes, Georg Wilhelm Leibniz e Baruch de Spinoza debatemos sobre o número de substâncias que existem. Existem três teses como fortes concorrentes, que continuam a ser debatidas veementemente, e cada uma possui adeptos brilhantes. Essas teses são:

1) MONISMO (Spinoza): Existe apenas uma substância, o superobjeto.

2) DUALISMO (Descartes): Existem duas substâncias – a substância pensante (*substantia cogitans*) e a substância extensa, material (*substantia extensa*). Os dualistas acreditam que o espírito humano é de natureza completamente diferente do que o corpo humano. Alguns defendem a convicção segundo a qual a substância pensante pode até existir independentemente da substância material, enquanto outros acreditam que não existe uma alma pensante imortal, mas apenas substâncias de naturezas diferentes interdependentes.

---

22 Cf. HORGAN, T. & POTRC, M. "Blobjectivism and Indirect Correspondence". *Facta Philosophica*, 2/2000, p. 249-270.

3) PLURALISMO (Leibniz): Existem muitas substâncias. Para ser exato, desde Leibniz o pluralismo adere à tese segundo a qual existe um número infinito de substâncias. Leibniz chamava essas substâncias de "mônades". Uma *mônade* é um objeto completamente independente de todas as outras substâncias, maximalmente autônomo com um número determinado e limitado de características.

Minha própria posição é uma forma do pluralismo, e tenho certeza de que tanto o monismo quanto o dualismo são comprovadamente errados. O monismo é refutado pela prova de que o mundo não existe, o que todos entenderão após a leitura do próximo capítulo. O dualismo, por sua vez, pode ser refutado de maneira muito mais simples, pois já uma contemplação superficial demonstra que ele é absurdo. Se postularmos duas substâncias, como podemos saber que não existem mais de duas? Por que duas e não 22?

A pergunta quantas substâncias existem é mais excitante do que pode parecer à primeira vista. Existem objetos individuais como bolsas e crocodilos. Esses objetos, por sua vez, consistem de outros objetos – as bolsas, por exemplo, podem consistir de pele de crocodilo; e os crocodilos (em casos raros), parcialmente de bolsas (p. ex., quando acabam de devorar uma senhora com uma bolsa). Muitos objetos individuais consistem de outros objetos individuais. Existe até uma disciplina inteira da lógica que se ocupa com as relações formais entre as partes e o todo: a MEREOLOGIA (do grego "*to meros*" = "parte").

As bolsas e os crocodilos se distinguem pelo fato de raramente ocuparem o mesmo espaço. Isso os separa, trata-se de objetos individuais distintos. Isso vale também para a minha mão esquerda e a minha mão direita. Mesmo assim, minha mão esquerda e minha mão direita estão relacionadas, elas são parte do meu corpo. Temos então o caso de dois objetos individuais separados espacialmente (a bolsa e o crocodilo) e o caso de dois objetos individuais também separados espacialmente, mas relacionados um ao outro por meio de um todo, cujas partes são (mão direita e mão esquerda). Existe ainda um terceiro caso. Imaginemos um telefone sem fio. Quando compramos um telefone sem fio, adquirimos uma estação e uma parte que pode ser separada da estação, o fone. Nesse caso temos dois objetos individuais (estação e fone) que compõem um objeto individual (telefone sem fio), mas sem estarem relacionados espacialmente. Isso vale também para os Estados Unidos: O Alasca ou o Havaí não estão ligados espacialmente a outros estados. O mesmo vale naturalmente para a Ilha de Helgoland e a Baviera: Ambos pertencem à Alemanha, mas não estão ligados espacialmente, sendo que neste caso a Baviera está espacialmente mais intimamente ligada ao resto da Alemanha do que a Ilha de Helgoland. O Havaí e Helgoland são objetos com pleno direito próprio. Podemos analisá-los independentemente de sua filiação a um Estado, o que se aplica ao caso da minha mão esquerda apenas de forma restrita, pois como mão esquerda ela pertence a um todo, o meu corpo. E também o vínculo mereológico entre estação e fone é mais próximo do que entre o Havaí e Helgoland.

Estação e fone representam uma SOMA MEREOLÓGICA, que compõe um objeto individual completamente diferente, o telefone sem fio. Por isso, a seguinte equação mereológica é verdadeira: Estação + fone = telefone sem fio. Isso não vale se eu pegar o fone com minha mão esquerda. A soma mereológica "mão esquerda + fone" não compõe um objeto individual verdadeiro, por exemplo, um "fone canhoto". Fones canhotos simplesmente não existem, mas telefones sem fio existem.

Nem todos os objetos que ligamos uns aos outros de alguma forma produzem um objeto novo e mais complexo. Por isso, precisamos perguntar em que casos nós criamos objetos complexos com razões objetivas. Em termos abstratos poderíamos acreditar que qualquer objeto pode ser ligado com qualquer outro objeto para formar um todo. Vejamos, por exemplo, meu nariz e minha orelha esquerda. Existe realmente uma soma mereológica formada por meu nariz e minha orelha esquerda, minha "narelha" esquerda, por assim dizer? Evidentemente, diferenciamos entre somas mereológicas verdadeiras e meros agregados ou aglomerações de objetos. Nem toda aglomeração de objetos é um objeto individual verdadeiro. Mas na base de quais critérios determinamos quando e sob quais condições algo representa uma soma mereológica real?

Quando eu aperto sua mão, nós passamos a ser uma única pessoa? Evidentemente não, apesar de formarmos uma unidade espacial. A unidade de pessoas não pode, portanto, consistir apenas do fato de formarmos uma unidade espacial. Em outros objetos, por exemplo numa montanha, a proximidade espacial parece ser o suficiente para formar um novo objeto – uma cordilheira. Mas quais são os critérios que usamos para diferenciar entre somas mereológicas reais e meras aglomerações de características ou objetos? Eu acredito que não exista um catálogo de critérios independentes da experiência que nos permite dividir o mundo em somas mereológicas reais. Às vezes, erramos ao dividir o mundo, por exemplo, quando classificamos baleias como peixes. Simplesmente não existe um algoritmo que nos permitiria escrever um programa capaz de determinar para cada aglomeração de características se existe uma soma mereológica real que possa ser atribuída a ela. Existem diversos catálogos de critérios, e alguns desses catálogos se revelam como errados ao longo do tempo.

Voltemos então à nossa pergunta inicial sobre se o superobjeto existe. Se ele existisse, ele seria a soma mereológica de todas as características – um pensamento estranho! Pois poderíamos criar a soma mereológica de *todas* as características sem qualquer critério. Um objeto sobre o qual descobrimos algo sem recorrer a qualquer critério, atribuindo-lhe simplesmente qualquer característica, seria uma coisa muito estranha, pois ele consistiria da minha mão esquerda, do livro favorito de Angela Merkel e da linguiça mais cara ao sul da Renânia do Norte. Procurar um objeto sobre o qual poderíamos dizer que ele é tudo (minha mão esquerda, o livro favorito de Angela Merkel e a linguiça mais cara ao sul da Renânia do Norte e todo o resto) seria um objeto de pesquisa no mínimo exótico.

A razão disso é que um objeto que possui todas as características é ele mesmo sem qualquer critério. A palavra "critério" provém do verbo grego *"krinein"*, que significa "discernir" e, na filosofia, também "julgar", uma palavra que se esconde também por trás de "crise". Os critérios correspondem às diferenças apropriadas a determinado objeto ou campo de objetos. Onde não existem critérios não existem também objetos determináveis e, por isso, nem mesmo objetos indetermináveis. Pois também os objetos indeterminados ou relativamente indeterminados (como, p. ex., a quantia de arroz servida durante um jantar) são determinados por meio de critérios e precisam se distinguir de outros objetos de alguma forma.

É, portanto, errado afirmar que existe uma única substância, um superobjeto, que possui todas as características. O monismo é errado, e ele é necessariamente errado, porque o conceito do superobjeto é incoerente. O dualismo, por sua vez, pode ser verdadeiro, mas não é justificado. Por que existiriam apenas duas e justamente as duas substâncias identificadas por Descartes?

O dualismo cartesiano é apoiado apenas pela observação muito superficial segundo a qual existe uma diferença entre pensamentos e aqueles que se ocupam com os pensamentos. Quando penso em neve, a neve não cai em meus pensamentos, caso contrário teria que afirmar que os meus pensamentos têm um clima, que os meus pensamentos estão no inverno ou que tenho água congelada em meus pensamentos. Então eu poderia descongelar meus pensamentos e beber a água fresca. Isso facilitaria uma viagem pelo deserto, pois me permitiria beber meus pensamentos de água fresca. O pensamento de neve e a neve pertencem simplesmente a diferentes campos de objeto. Descartes acreditava que bastaria dividir o mundo nesses dois campos, mas ele estava enganado.

O monismo é errado, e o dualismo é injustificado. Por isso, resta, após um simples processo de exclusão, apenas o pluralismo. Este, porém, precisa ser submetido a uma modernização radical, pois desde sua introdução no barroco (por Leibniz) ele nunca foi revisado.

Diferenças absolutas e relativas

Voltemos para a pergunta que levantamos acima: Todos os objetos se distinguem de todos os outros objetos? À primeira vista, este parece ser o caso. Cada objeto parece ser idêntico consigo mesmo e distinto de todos os outros objetos. Minha mão esquerda é minha mão esquerda (observação pouco informativa, mas verdadeira), e ela não é minha mão direita (observação pouco mais informativa, mas mesmo assim verdadeira).

Mas esse raciocínio está cheio de erros e armadilhas, que ignoramos facilmente. Imagine o seguinte: Sabemos que existe um objeto O qualquer. A princípio, isso é tudo o que sabemos. Agora, perguntamos a alguém que conhece O, se O é uma tela, o que este nega. "O é um rinoceronte?" – "Não". – "O é uma lata vermelha?" – "Não". – "O é um objeto material?" – "O é um objeto imaterial?" – "Não". – "O é um número?" – "Não". É como no jogo "Quem sou eu?", em que colamos na testa do outro um termo ou o nome de alguma personalidade famosa e o outro precisa adivinhar o que ou quem ele é.

Imaginemos que temos muito tempo para mencionar todos os objetos menos o O e que a pessoa que conhece O nos dissesse apenas que O não é idêntico com o objeto mencionado. Nesse caso, O seria justamente idêntico consigo mesmo pelo fato de se distinguir de todos os outros objetos. Mas assim O deixaria de ter qualquer núcleo. O seria determinado apenas negativamente pelo fato de O não ser todo o resto. Não saberíamos nada de positivo sobre O. Precisamos saber outra coisa sobre O além do fato de O não ser idêntico a qualquer outro objeto se quisermos saber o que é o O. Consequentemente, a identidade de O não pode ser idêntica à diferença entre O e todos os outros objetos. Em outras palavras bem simples: O precisa ter alguma característica que contenha mais do que sua diferença em relação a todos os outros objetos. A característica de um objeto ser ele mesmo é assustadoramente entediante e nos ajuda em nada.

Imaginemos agora que não conhecêssemos qualquer objeto (com exceção do conhecedor) e que perguntássemos ao conhecedor sobre todos os objetos o que eles são. Imaginemos que o conhecedor nos dissesse apenas que determinado objeto não é todos os outros objetos (que ainda não conhecemos). Dessa forma, jamais obteríamos qualquer informação positiva sobre qualquer objeto.

Mesmo assim, estabelecemos a identidade de um objeto também por meio do fato de ele se distinguir de alguns outros objetos. Mas essa diferença jamais é uma diferença absoluta. Uma DIFERENÇA ABSOLUTA seria uma diferença entre um objeto e *todos* os outros objetos. Uma diferença absoluta não é informativa, pois diz apenas que um objeto não é idêntico a nenhum outro, apenas consigo mesmo, o que não possui teor informativo. O que distingue os objetos uns dos outros é um critério informativo. Saber o que distingue um objeto de outros significa possuir informações sobre um objeto. Por isso, uma diferença informativa não é uma diferença. Por isso, precisamos diferenciar entre uma DIFERENÇA ABSOLUTA (que não é informativa e não possui sentido) e uma diferença relativa. Uma DIFERENÇA RELATIVA é uma diferença entre um objeto e *alguns outros* objetos.

Uma diferença relativa consiste de uma informação de contraste, sendo que os contrastes ocorrem em graus e variações muito variados. Coca-Cola© contrasta com Pepsi©, cerveja, vinho, sorvete e muitas outras coisas. Mas Coca-Cola não contrasta com rinocerontes. Por isso, ninguém diz ao garçom: "Por favor, traga uma Coca-Cola ou um rinoceronte, caso não tenha Coca-Cola!" A razão pela qual jamais refletimos sobre se preferíamos uma Coca-Cola ou um rinoceronte é simplesmente que a Coca-Cola não contrasta com rinocerontes.

Agora quero experimentar um pequeno truque para demonstrar a diferença entre diferenças relativas e absolutas. Não é fato que o rinoceronte contrasta com o resto do mundo? Se voltarmos nossa atenção para o rinoceronte, nós não o destacamos do resto do mundo? Isso não é o caso por uma série de razões: Quando voltamos nossa atenção para o rinoceronte, nós já o inserimos em algum contexto, por exemplo, no zoológico ou numa reportagem na TV. Não é possível prestar atenção em um rinoceronte independentemente de um contexto. O filósofo francês Jacques Derrida expressou isso com seu lema interpretado de forma equivocadamente por tantos (e, provavelmente, formulado conscientemente de forma ambígua): "Não existe um fora do texto"[23]. Ou em palavras menos pós-modernas: Rinocerontes sempre ocorrem em um contexto. Evidentemente, Derrida não queria dizer que rinocerontes seriam, na verdade, textos, mas apenas que nada, nem rinocerontes nem qualquer outra coisa, existe fora de um contexto.

Mas não podemos simplesmente diferenciar o rinoceronte em seu contexto do resto do mundo? Isso também não nos leva adiante, pois isso exigiria um contexto para o contexto. Pois contextos ocorrem apenas dentro de contextos. Uma diferença absoluta sempre traz um contraste grande demais. Um contraste grande demais faz com que não consigamos reconhecer qualquer coisa.

Isso não é apenas um fato sobre os limites do conhecimento humano. Isso vale também para as próprias informações que colhemos. O mundo disponibiliza informações, por exemplo, a informação de que a Terra só possui uma lua. Essa informação não vem ao mundo pelo fato de o ser humano distinguir diferentes corpos celestiais. A diferença entre Sol, Terra e Lua não é uma criação humana, mas uma condição para a existência de seres pensantes e vida inteligente no nosso planeta.

Não existe, portanto, uma diferença absoluta. Algumas coisas são distintas de algumas outras coisas. Não é, porém, o caso de que tudo se distingue de todo o resto. Algumas coisas são até idênticas a algumas outras, o que suscita um problema filosófico famoso: Como dois objetos ou fatos distintos podem ser idênticos? De alguma forma, isso precisa ser possível, pois o Reno é idêntico ao Reno, mesmo que ele se transforme o tempo todo. A matéria da qual consiste o Rio Reno hoje é substituída regularmente, e nem mesmo o seu leito permanece idêntico ao longo dos anos e séculos. Mas constatemos primeiro: Os objetos são sempre distintos de alguns outros objetos. Existem classes de contrastes, que são sempre relativos e nunca absolutos. Às vezes, nós nos equivocamos na determinação das classes de contrastes relevantes, mas disso não segue que as classes de contrastes não existem. Pelo contrário: Às

---

23 DERRIDA, J. *Grammatologie*. Frankfurt am Main, 1983, p. 274.

vezes, nós nos enganamos na determinação das classes de contrastes relevantes justamente porque existem classes de contrastes, em relação às quais nós nos equivocamos.

Campos de sentido

Minha resposta pessoal à pergunta: O que é existência? é que *o mundo não existe*, apenas mundos em número infinito, que, em parte, se sobrepõem uns aos outros, mas que, em outra parte, são independentes uns dos outros em todos os sentidos. Já sabemos que o mundo é o campo de todos os campos e que existência tem a ver com o fato de algo ocorrer no mundo. Isso, porém, significa que algo só ocorre no mundo se aquilo ocorrer também em algum campo. Disso, eu deduzo que precisamos melhorar um pouco a equação

existência = ocorrência no mundo

mesmo que já aponte para a direção certa. A minha equação é esta:

existência = manifestação num campo de sentido

Essa equação é o axioma da ontologia dos campos de sentido. A ONTOLOGIA DOS CAMPOS DE SENTIDO afirma que algo existe e não não existe apenas se existir um campo de sentido em que ele apareça. MANIFESTAÇÃO é um nome mais geral para "ocorrer" ou "ocorrência". O conceito da manifestação é mais neutro. Coisas falsas também se manifestam, enquanto a nossa língua não permite dizer que algo falso ocorre no mundo. "Ocorrências" são também mais concretas do que "aparições", por isso prefiro o conceito mais flexível da "manifestação". Observe: O fato de algo falso se manifestar (e assim passa a existir) não significa que seja verdadeiro. Manifestação/existência não é idêntico à verdade. Apesar de ser verdadeiro que é falso que bruxas existem, e as bruxas se manifestam no pensamento falso segundo o qual elas existem no norte da Europa, disso não segue, porém, que as bruxas realmente existem no norte da Europa. Pensamentos falsos existem, mas os objetos dos quais eles tratam não ocorrem no campo no qual os pensamentos falsos os inserem.

Sabemos agora mais ou menos o que é manifestação. Mas o que é campo de sentido? Já falamos sobre campos de objetos: a política comunal, a história da arte, a física, salas etc. Quando compreendemos esses objetos como campos de objetos, tendemos a abstrair disso como os objetos se manifestam nos campos. O modo como os objetos se manifestam muitas vezes tem a ver com suas qualidades específicas. Faz parte das obras de arte o fato de elas se manifestarem de modos diferentes. No entanto, não faz parte dos núcleons o fato de se manifestarem a nós de modos diferentes. Não é possível interpretá-los de formas diferentes, podemos apenas compreender do que eles tratam se dominarmos o campo de objetos em que eles ocorrem. Campos de sentido podem ser vagos, coloridos e relativamente indeterminados. Os campos de objetos, por sua vez, consistem de objetos claramente distintos uns dos outros e de número determinável. Isso não vale necessariamente para campos de sentido. Estes podem conter aparições cintilantes e ambivalentes.

A esta altura, o lógico e matemático Gottlob Frege, que também redigiu alguns textos filosóficos de grande influência, pode nos ajudar. Pois foi no tempo de Frege que a fala sobre campos de objetos se estabeleceu, e o campo de objetos exerce um papel importante na evolução da lógica moderna, que, porém, defende um conceito de existência bastante equivocado. Leitores que ainda não se ocuparam com a lógica moderna devem se surpreender ao ouvir que os lógicos modernos acreditam que a existência é sempre contável – uma afirmação falsa e distorcida. Quando me pergunto se cavalos existem, não estou perguntando *quantos* cavalos existem, mas *se* eles existem. Aconselho a todos distinguir as partículas interrogativas "quantos" e "se".

A lógica moderna fundiu quase que completamente o conceito dos campos de objetos com o conceito do conjunto. Mas nem todos os campos são conjuntos de objetos contáveis e matematicamente descritíveis, como, por exemplo, as obras de arte ou sentimentos complexos. Nem todos os campos em que algo se manifesta são campos de objetos. Por isso, o conceito mais geral é o conceito do campo de sentido. Campos de sentido podem ocorrer como campos de objetos no sentido de objetos contáveis ou no sentido ainda mais preciso de conjunto matematicamente descritíveis, mas eles podem ocorrer também como aparições cintilantes, o que não vale para campos de objetos nem para conjuntos.

A prática equivocada da lógica moderna de confundir existência com aquilo que pode ser contado (um erro típico que ocorre quando queremos contar e calcular tudo) ignora uma observação decisiva de Frege, que nos ajudará a avançar nosso raciocínio. Voltemos mais uma vez para a questão da identidade. Numa pequena obra-prima, o ensaio "Sobre sentido e significado", Frege se perguntou como proposições de identidade podem ser não contraditórias e também informativas[24]. Vejamos a seguinte afirmação:

O ator que representou Hércules em Nova York é idêntico ao 39º governador da Califórnia.

Normalmente, não formularíamos essa afirmação de forma tão complicada. Uma biografia de Schwarzenegger diria simplesmente:

O Hércules em Nova York seria mais tarde o 39º governador da Califórnia.

Outro exemplo de simples manuseio é a proposição de identidade:

$$2 + 2 = 3 + 1$$

Não representa uma contradição que Arnold Schwarzenegger foi Hércules em Nova York e governador da Califórnia. As duas afirmações são verdadeiras. O mesmo vale para o número 4. Esse pode ser representado tanto como 2 + 2 quanto como 3 + 1 (e de inúmeras outras maneiras).

Frege chama "2 + 2" e "3 + 1" "modos de apresentação" e equivale isso à expressão "sentido"[25]. O sentido de expressões que são igualadas numa proposição de identidade é diferente, aquilo ao qual se referem é o idêntico (Schwarzenegger ou o número 4).

---

24 FREGE, G. "Über Sinn und Bedeutung". In: ANGELLELI, I. (org.). *Kleine Schriften*. Darmstadt, 1967, p. 143-162.

25 Ibid., p. 144.

Numa proposição de identidade verdadeira, informativa e livre de contradições aprendemos então que a mesma coisa (a mesma pessoa, o mesmo fato) pode ser apresentado de modos diferentes. Em vez de "apresentação" eu prefiro a palavra "manifestação". O SENTIDO é, então, o modo como um objeto se manifesta.

Campos de sentido são campos nos quais algo (determinados objetos) se manifesta de modo determinado. Nos campos de objetos e ainda mais em conjuntos, abstraímos justamente disso. Dois campos de sentido podem se referir aos mesmos objetos, que apenas se manifestam de modos diferentes nos dois campos de sentido. Aqui, creio que seja apropriado citar um exemplo mais detalhado.

Vejamos um objeto já familiar: minha mão esquerda (você pode usar também a sua mão esquerda para o nosso experimento. Experimentos filosóficos são extremamente baratos e podem ser realizados sem laboratório). Minha mão esquerda é uma mão. Ela tem cinco dedos, no momento é tudo menos bronzeada, possui calos e apresenta linhas na palma da mão. Aquilo que se apresenta a mim como minha mão esquerda é também um conjunto de partículas elementares, uma aglomeração de átomos, que, por sua vez, são uma aglomeração de partículas ainda menores. Mas eu poderia vê-la também como obra de arte ou como ferramenta, que me ajuda a levar meu almoço até a minha boca. Outro exemplo, usado por Frege: Numa floresta pode existir um grupo de árvores. Ou simplesmente cinco árvores individuais que pertencem à floresta. Dependendo do campo de sentido, a mesma coisa pode ser uma mão, uma aglomeração de átomos, uma obra de arte ou uma ferramenta. E as cinco árvores são um grupo de árvores ou árvores individuais (ou também uma aglomeração de átomos).

Gustav von Aschenbach é um personagem de Thomas Mann e também pedófilo, mas não é uma aglomeração de átomos, pois nunca existiu no universo uma aglomeração de átomos que fosse idêntica à pessoa chamada "Gustav von Aschenbach" e imaginada por Thomas Mann. Dependendo do campo de sentido, Gustav von Aschenbach esteve em Veneza – ou não. Tudo depende se estamos falando sobre o romance ou sobre a história da cidade.

Não existem objetos ou fatos fora dos campos de sentido. Tudo o que existe se manifesta num campo de sentido (mais precisamente, se manifesta em um número infinito de campos de sentido). "Existência" significa que algo se manifesta num campo de sentido. Coisas em número infinito se manifestam num campo de sentido sem que qualquer pessoa o percebesse. Do ponto de vista ontológico, é de relevância secundária se nós, como seres humanos, nos damos conta disso ou não. As coisas e os objetos se manifestam não só porque eles se manifestam a *nós*, eles existem não só porque *nós* os percebemos. A maioria das coisas simplesmente se manifesta sem que nós o percebamos. Jamais podemos nos esquecer disso se não quisermos nos transformar no Baccalaureus em *Fausto II*, que, com seu construtivismo, deixou se enganar por Mefistófeles, o diabo. Em Goethe, que durante toda sua vida se irritou com todas as variantes do construtivismo proveniente de Kant, o Baccalaureus declama:

> O mundo, ele não era antes de eu o criar;
> O sol fiz surgir do mar;
> Comigo a lua iniciou o seu caminho;
> Então o dia se adornou em meus caminhos,
> A terra esverdejava e florescia ao meu encontro.
> Ao meu sinal, naquela primeira noite,
> Desdobrou-se o esplendor do céu.
> Quem, além de mim, libertou-vos de todos os vossos limites
> De pensamentos filisteus e escravizantes?
> Eu, porém, livre como condiz ao meu espírito,
> sigo feliz minha luz interior
> E avanço rápido, em êxtase meu,
> A clareza à frente, a escuridão atrás[26].

Nosso planeta não é o centro dos eventos cosmológicos e ontológicos, mas apenas um cantinho infinitesimal, que nós organizamos e equipamos de forma mais ou menos aceitável e que estamos destruindo porque superestimamos nossa importância no universo. Certos de que o mundo não existiria sem nós, acredita-

---

26 GOETHE, J.W. *Faust II*. Stuttgart, 2001, p. 64.

mos que o universo garantirá que o ser humano sobreviva. Pois o universo deve ter algum interesse em continuar a existir. Infelizmente, as coisas não são tão fáceis assim. Nem o universo nem o tempo-espaço têm interesse na existência de seres como nós neste lindo planeta. Não importa se existimos. Não importa o quanto nos orgulhamos de nossa existência. Até hoje, a ciência tenta minimizar esse reconhecimento, e muitos filósofos e até alguns físicos acreditam que o universo se importa conosco. Ainda falaremos sobre isso no contexto da religião, quando tentarmos nos aproximar da expressão "Deus" com a devida cautela. No entanto, não segue do fato de que o universo não se importa com a existência do ser humano o fato de isso também não importar a você ou a mim. Não podemos confundir o mundo com o mundo do ser humano, e tampouco devemos localizá-lo no nível errado.

Tudo o que existe se manifesta em campos de sentido. EXISTÊNCIA é a característica de campos de sentido de que algo se manifesta neles. Alego que a existência não é uma característica dos objetos no mundo ou nos campos de sentido, mas que é uma característica dos próprios campos de sentido, ou seja, a característica de que algo se manifesta neles. Mas surge disso o seguinte problema? Campos de sentido são objetos, nós refletimos sobre eles com pensamentos que podem ser verdadeiros. Se eles possuem a característica de que algo se manifesta neles, a existência não passou a ser uma característica de um objeto? Mas se campos de sentido se manifestam em campos de sentido (caso contrário não poderiam existir), eu aparento contradizer a mim mesmo. Mas essa contradição não resulta justamente porque, paradoxalmente, o mundo não existe. Existe apenas um número infinito de campos de sentido, que, em parte, se sobrepõem uns aos outros e que, em parte, jamais se tocarão de qualquer forma. Como observou já Pedro Vazio: No fim das contas, tudo acontece em lugar algum. Mas isso não significa que nada acontece; pelo contrário, um número infinito de coisas acontece ao mesmo tempo. Mas nós gostamos de ignorar isso, simplesmente porque não podemos nos ocupar ao mesmo tempo com um número infinito de coisas.

III
Por que o mundo não existe

Voltemos então para a nossa primeira grande descoberta, a equação da ontologia dos campos de sentido:

Existência = manifestação em um campo de sentido

Para que algo possa se manifestar em um campo de sentido, ele precisa pertencer a um campo de sentido. A água pode pertencer a uma garrafa; um pensamento, a uma visão do mundo; e pessoas podem pertencer a um Estado em sua qualidade de cidadãos; o número 3 pertence aos números naturais; e moléculas pertencem ao universo. O modo como algo pertence a um campo de sentido é igual ao modo como ele se manifesta. É de importância decisiva que o modo de algo se manifestar nem sempre é idêntico. Nem tudo se manifesta da mesma forma, nem tudo pertence da mesma forma a um campo de sentido.

Supondo que tudo isso é verdadeiro, podemos agora perguntar se o mundo existe. No capítulo I, vimos que a melhor forma de compreender o mundo é vê-lo como campo de todos os campos. Agora, porém, podemos expressar de forma mais precisa essa concepção e dizer que o mundo é o campo de sentido de todos os campos de sentido, ou seja, aquele campo de sentido no qual todos os outros campos de sentido se manifestam, e, portanto, o campo ao qual tudo pertence. Esta é, de certa forma, minha última palavra sobre o mundo, de forma que merece ser ressaltado e inserido no glossário: *O MUNDO é o campo de sentido de todos os campos de sentido, é o campo de sentido no qual todos os outros campos de sentido se manifestam.*

Tudo o que existe existe no mundo, pois o mundo é o campo no qual tudo ocorre. Não existe nada fora do mundo. Tudo o que consideramos ser extramundano faz parte do mundo. Existência sempre contém uma informação sobre a localização. A pergunta é, portanto: Se o mundo existe, em que campo de sentido ele se manifesta? Suponhemos que o mundo se manifesta no campo de sentido (S1). (S1) é, nesse caso, um campo de sentido entre outros. Existem, além de (S1), também (S2) e (S3) etc. Se o mundo se manifesta em (S1), que existe ao lado de outros campos de sentido, ele mesmo existe. Isso é possível?

O mundo é o campo de sentido no qual se manifestam todos os campos de sentido. Portanto, manifesta-se em (S1) cada outro campo de sentido como subcampo. Pois em (S1) se manifesta o mundo, e no mundo se manifesta tudo.

Também (S2), (S3) etc. se manifestam não só *ao lado* de (S1), mas também *em* (S1), já que em (S1) se manifesta o mundo, no qual – segundo sua definição – tudo se manifesta. (S2) existe, portanto, duas vezes: uma vez *ao lado* e outra vez *no* mundo. Mas (S2) não pode existir ao lado do mundo, pois nada existe ao lado ou fora do mundo! O mesmo vale para (S3) e todos os outros campos de sentido. Portanto, é impossível que o mundo se manifeste num campo de sentido, que se manifesta ao lado de outros campos de sentido. Disso segue que os outros campos de sentido não podem existir. Por isso, podemos constatar: *O mundo não ocorre no mundo.*

Existe ainda outro problema: Se o mundo se manifesta em (S1), onde então se manifesta o próprio (S1)? Se o mundo é o campo de sentido no qual todos os campos de sentido se manifestam, então (S1) precisa se manifestar no mundo, que, por sua vez, se manifesta em (S1)! Uma situação complicada (cf. ilustração 1).

Ilustração 1

O mundo no qual se manifesta (S1), no qual o mundo se manifesta, se distingue evidentemente do mundo que se manifesta em (S1). O mundo que se manifesta não é idêntico ao mundo no qual ele se manifesta.

Além disso, todos os outros campos de sentido também se manifestam no mundo. Por isso, precisam ser incluídos no gráfico (ilustração 2), sendo que aqui eles também aparecem em dois lugares, ou seja, "no mundo" em (S1) e ao lado de (S1).

Ilustração 2

No entanto, podemos compreender facilmente que o mundo não ocorre no mundo também sem recurso a essa argumentação um tanto formal. Vejamos como exemplo o campo de visão. Nesse campo, jamais vemos o próprio campo de visão, mas sempre apenas objetos visíveis: a vizinha, a cafeteria, a lua ou o pôr do sol. No melhor dos casos, poderíamos tentar representar o campo de visão graficamente: Se eu tivesse o dom de desenhar exatamente o meu campo de visão atual, eu poderia contemplar a pintura do meu campo de visão. Evidentemente, porém, essa pintura não seria meu campo de visão, mas apenas algo dentro do meu campo de visão. O mesmo vale para o mundo: Sempre que acreditamos vê-lo, temos apenas uma cópia ou uma imagem do mundo diante de nós. O mundo em si não pode ser compreendido por nós, porque não existe campo de sentido ao qual ele pertencesse. O mundo não se apresenta no palco do mundo, ele não se apresenta a nós.

Em *Fuga do Planeta dos Macacos*, a terceira parte da franquia clássica do *Planeta dos Macacos*, certo Dr. Otto Hasslein desenvolve uma teoria do tempo, que explica como é possível que os macacos voltaram do futuro para o passado. A tese de Hasslein é que só podemos entender o tempo se o compreendermos como um tipo de "regressão infinita". Ele explica isso aos espectadores de um noticiário na TV, no qual ele aparece – no mundo cinematográfico, os espectadores são os macacos do futuro e, naturalmente, também nós, os espectadores do filme – com a ajuda de um exemplo simples. Vemos uma paisagem numa pintura. Sabemos que alguém pintou essa paisagem. Portanto, podemos imaginar uma paisagem na qual aparecem a pintura e o pintor, que a pintou. Mas essa pintura também é pintada, e de forma alguma pelo pintor pintado. Pois este pinta no máximo a pintura na pintura. Portanto, podemos imaginar outra pintura, na qual vemos um pintor que pinta uma pintura na qual um pintor pinta a pintura original da paisagem, e assim em diante *ad infinitum* – uma regressão infinita.

O pintor que pinta tudo isso não pode pintar a si mesmo no ato da pintura. O pintor pintado jamais é completamente idêntico ao pintor que pinta. O notável dessa cena de filme é que nós – os espectadores – nos encontramos exatamente na mesma situação como os macacos do futuro. Vemos a mesma imagem televisiva como eles. É interessante observar que os espectadores de TV veem ainda no fundo da tela da TV dentro da imagem da TV um espelho, no qual aparecem o apresentador e o Dr. Hasslein, de forma que três perspectivas se fundem simbolicamente: os macacos do futuro, o apresentador com o Dr. Hasslein e nós. O filme – nosso mundo – consiste de um encaixamento infinito.

De forma assombrosa e assustadora, muitos filmes nos aproximam dessa verdade. Especialmente assustador é o cenário no filme *Cubo*, de Vincenzo Natali. No *Cubo*, várias pessoas, inicialmente isoladas umas das outras, se encontram num espaço cúbico. Cada um desses espaços tem portas diferentes, que podem ser abertas e que levam a outro espaço cúbico. Alguns desses espaços apresentam armadilhas mortais. No decurso do filme, descobrimos que as combinações de números encontradas entre os espaços formam um ciclo de movimentos, cujo conhecimento revela a saída do cubo. No entanto, do lado de fora do cubo existe apenas um vazio, o nada, que, no fim, se apresenta como uma luz forte.

O filme se recusa rigidamente a representar o mundo externo e assim pode nos servir como ilustração para um fato relevante para nós: Existe um número infinito de campos de sentido interligados de modos infinitos uns com os outros. Esse encaixamento infinito ocorre, porém, no meio do nada, ou seja, em lugar algum. Cada tentativa de localização só pode ser feita dentro de um campo de sentido, um mundo externo não existe. De seu jeito satírico inimitável, Jean Paul descreve essa situação em sua obra *Biographie eines Bonmotisten*, de 1785: "Ele estava sempre disposto a escrever livros [...]. Pretendia escrever um livro no qual queria demonstrar que os seres possuem existência, mas que essa existência não existia em lugar algum"[27].

O mundo não existe. Se ele existisse, precisaria se manifestar em algum campo de sentido, mas isso é impossível. No entanto, essa descoberta não é apenas destrutiva, ela não nos diz apenas que

---

27 JEAN PAUL. "Biographie eines Bonmotisten". *Historisch-Kritische Gesamtausgabe*. Vol. 1, seção 2. Weimar, 1927, p. 448.

o mundo, ao contrário da nossa expectativa, não existe. Ela também pode ser aplicada de modo produtivo para entender o que existe.

O superpensamento

Chamemos a tese segundo a qual o mundo não existe de PROPOSIÇÃO PRINCIPAL DA ONTOLOGIA NEGATIVA. A esta se contrapõe a PRIMEIRA PROPOSIÇÃO PRINCIPAL DA ONTOLOGIA POSITIVA, segundo a qual existe necessariamente um número infinito de campos de sentido. A primeira proposição principal da ontologia positiva pode ser esclarecida por outro experimento mental. Imaginemos que existe um único objeto, um cubo azul, por exemplo. No entanto, se existisse apenas este objeto e nada além dele, não existiria um campo de sentido no qual o cubo azul se manifesta. Tampouco existiria o cubo azul, pois algo só pode existir se existir um campo de sentido no qual ele se manifesta. Se existisse um único objeto, nenhum objeto existiria, pois esse objeto supostamente único e solitário precisaria se manifestar em um campo de sentido para poder existir. Um é nenhum, ou, como canta Amie Mann na trilha sonora do filme *Magnólia*, de Paul Thomas Anderson: "One is the loneliest number".

Consequentemente, existem pelo menos um objeto e um campo de sentido. No entanto, precisa existir pelo menos um campo de sentido adicional. Pois, para que possa existir um único campo de sentido, é preciso que – segundo a proposição principal da ontologia negativa – exista outro no qual o primeiro campo de sentido possa se manifestar. Portanto, existem pelo menos um objeto e dois campos de sentido.

No entanto, já vimos também que "objeto" não designa apenas aquilo sobre o qual podemos entreter pensamentos capazes de serem verdadeiros. Isso inclui não só coisas no sentido mais restrito, mas também os próprios campos de sentido. Portanto, o objeto originalmente solitário e os dois campos de sentido necessariamente postulados passam a ser três objetos do nosso pensamento. Disso segue que eles existem pelo menos no campo de sentido do nosso pensamento, de forma que passamos a supor outro campo de sentido.

Nesse contexto, podemos desenvolver agora outra tese, a SEGUNDA PROPOSIÇÃO FUNDAMENTAL DA ONTOLOGIA POSITIVA: Cada campo de sentido é um objeto. Disso segue imediatamente que, para cada campo de sentido, existe um campo de sentido no qual ele se manifesta. A única exceção é o mundo. Pois este não pode ser um campo de sentido, já que ele não pode se manifestar, razão pela qual ele também não pode ser um objeto.

Mas será que com isso não nos emaranhamos completamente numa contradição? Não acabamos de refletir sobre o mundo? Se aqui refletimos sobre o mundo, então ela existe, como conteúdo de pensamento. Já que os conteúdos de nossos pensamentos existem em nossos pensamentos, existe portanto um campo de sentido (nossos pensamentos) no qual o mundo se manifesta. Então ela existe, ou não?

Se o mundo existisse em nossos pensamentos, nossos pensamentos não poderiam existir no mundo. Caso contrário existiria um mundo composto de nossos pensamentos e do "mundo" (no sentido de um conteúdo de pensamentos). Ou seja: Não nos é possível refletir sobre o mundo. Como nos ensinou o genial seriado norte-americano *Seinfeld*, tudo é um "show about nothing". Tudo o que existe, tudo o que se manifesta nos mostra no fim das contas que o mundo não existe. Pois tudo existe apenas porque o mundo não existe. Não podemos refletir sobre o mundo. Aquilo que apreendemos quando tentamos fazê-lo é nada; mais precisamente, é "menos do que nada". Cada pensamento sobre o mundo é um pensamento no mundo. Não podemos pensar sobre o mundo como que de fora e, por isso, não podemos pensar literalmente sobre o mundo. Pensamentos sobre o mundo "como um todo" não podem ser verdadeiros, eles não possuem objeto ao qual eles se referem.

Espero que você me permita mais um giro no parafuso da reflexão. Pois agora quero sugerir um pensamento um pouco acrobático. Esse pensamento acrobático consiste em imaginarmos um pensamento que reflita sobre o mundo como um todo e, ao mesmo tempo, sobre si mesmo. Talvez esse pensamento conseguiria salvar o mundo e trazê-lo para a existência. Chamemos isso de o "superpensamento", que podemos definir da seguinte maneira: O SUPERPENSAMENTO é o pensamento que reflete ao mesmo tempo sobre o mundo como um todo e sobre si mesmo. O superpensamento imagina-se a si mesmo e todo o resto ao mesmo tempo.

O metafísico mais genial de todos os tempos, Georg Wilhelm Friedrich Hegel, introduziu esse superpensamento (infelizmente equivocado) recorrendo a algumas ideias da antiguidade grega e o justificou em um dos melhores (e mais difíceis) livros de filosofia de todos os tempos, em sua *Ciência da Lógica*. O nome que Hegel deu ao superpensamento foi "a ideia absoluta", e vemos facilmente que esse nome era adequado para esse pensamento. O superpensamento é, de certa forma, a melhor ideia que podemos ter, ou seja, a ideia absoluta. Correspondentemente, podemos dar um nome também à alegação segundo a qual esse superpensamento existe. A tese segundo a qual existe um superpensamento é o IDEALISMO ABSOLUTO.

Infelizmente, o idealismo absoluto é falso. Para que o superpensamento possa ser verdadeiro, ele precisa existir. Mas em que campo de sentido ele se manifesta? Se ele se manifestar em si mesmo, resulta disso exatamente o problema do mundo: O superpensamento não pode se manifestar em si próprio, pois assim o mundo se manifestaria em si mesmo e, além disso, ao lado de si mesmo. Esse pensamento é representado na ilustração 3.

Ilustração 3

Evidentemente, esse gráfico também é incompleto e insuficiente. Pois no superpensamento, que ocorre no superpensamento, ocorre novamente o superpensamento, já que este é aqui definido como pensamento que ocorre em si mesmo – um encaixamento infinito. Permanece a simples verdade de que aquilo que tudo abrange não pode se manifestar dentro de si mesmo. Aquilo que tudo abrange não só não é inalcançável para nós porque nos faltaria o tempo necessário para refletir sobre ele de forma suficiente, mas também porque não existe um campo de sentido no qual ele poderia se manifestar. Ele não existe.

Niilismo e a não existência

Voltemos então para um nível de certa forma mais terreno e plástico e imaginemos mais uma vez o cubo azul. Se ele estivesse completamente isolado de todos os outros objetos, ele não poderia existir. Se conseguíssemos isolar um único objeto de todos os outros objetos (seja isso nos nossos pensamentos, no universo ou em qualquer campo de objetos), ele deixaria de existir imediatamente, porque estaria completamente isolado de qualquer campo de sentido no qual ele pudesse se manifestar. Se retirarmos o cubo azul de todos os campos de sentido e, nesse sentido, o retirarmos também do mundo, ele implodiria e se dissolveria ontologicamente. Ele simplesmente desapareceria. Completamente isolado, deixaria de existir. "One is the loneliest number".

Visto dessa forma, o mundo consiste de muitas cópias pequenas dele mesmo. Pois cada objeto individual reivindica sua autonomia, reivindica ser exatamente o objeto que é, seja ele uma mesa de centro, uma sopa de legumes ou uma equação matemática. Objetos, porém, se destacam apenas diante de um pano de fundo, sem o qual eles não poderiam existir. Para cada uma das pequenas cópias do mundo vale que elas geram imagens do mundo, de forma que passam a existir muitos pequenos exemplos de mundo. O que eu quero dizer com isso é o seguinte: Para que um objeto possa existir, ele não pode estar completamente isolado.

Ele precisa se manifestar em um campo de sentido. Esse campo de sentido, por sua vez, também parece ser isolado demais para poder existir. Por isso, esse campo de sentido também se manifesta em outro campo de sentido e assim por diante. Jamais chegamos a um fim, jamais obtemos dessa forma o último campo de sentido no qual tudo se manifesta: o mundo. O mundo é constantemente adiado, razão pela qual existem todos os campos de sentido que conseguimos imaginar (pelo menos em nossos pensamentos), mas não o mundo em si. Não podemos nem mesmo pensar o mundo, pois o mundo imaginado não pode ser idêntico ao mundo no qual refletimos sobre o mundo.

Podemos imaginar esse adiamento infinito do mundo como forma da ONTOLOGIA FRACTAL. Fractais são figuras geométricas que consistem de um número infinito de cópias de si mesmas. Exemplos famosos são a Árvore de Pitágoras (ilustração 4) ou o Triângulo de Sierpinski (ilustração 5).

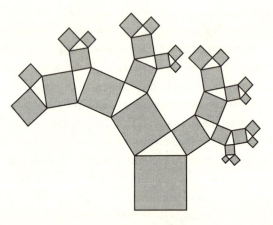

Ilustração 4 Árvore de Pitágoras

Ilustração 5 Triângulo de Sierpinski

O mundo é, por assim dizer, copiado infinitas vezes dentro de si mesmo. Ele consiste de muitos mundos pequenos, que, por sua vez, consistem de muitos mundos pequenos.

Por isso, reconhecemos sempre apenas recortes do infinito. Uma visão geral do todo é impossível, porque o todo nem existe. Nas belas palavras de Rilke:

> Sempre voltados para a criação, vemos
> nela apenas o reflexo da liberdade,
> obscurecida por nós. Ou que um animal,
> mudo, levanta os olhos e nos atravessa com seu olhar.
> Isto se chama destino: Estar frente a frente
> e nada além disso e sempre frente a frente[28].

Rilke, porém, acreditava existir uma saída, um tipo de salvação do infinito, e ele acreditava que animais, deuses, anjos, crianças e até mesmo os mortos podiam encontrá-la – jogos mentais de um poeta, com os quais felizmente não precisamos nos ocupar aqui.

---

28 RILKE, R.M. *Die Gedichte*. Frankfurt am Main, 1998, p. 659.

Mas não estamos agora completamente perdidos? Se o mundo em si não existe, mas sim um número infinito de cópias dele, tudo não desaba agora definitivamente? Não se torna agora tudo completamente indeterminado e caótico? Como sabemos em que nível nos encontramos? Será que tudo o que percebemos se encontra apenas com um tipo de partículas elementares num campo de sentido maior, no qual um ser humano muito maior pensa o mesmo pensamento?

Na geometria poderíamos pelo menos, por meio de operações formais, diferenciar os níveis nos quais nos encontramos. Mas como podemos marcar os níveis das realidades em que vivemos? Ou no nosso caso específico: Como podemos saber em que nível ou em quais campos de sentido nós nos encontramos neste momento? Se o que estiver acontecendo é, em última análise, *uma infinita explosão de sentido no meio do nada*, como podemos determinar nossa localização? Não desapareceria tudo no nada?

Esse temor está intimamente vinculado ao fenômeno do chamado "niilismo". O NIILISMO MODERNO (do latim *"nihil"* = "nada"), que se apresenta em muitas variações, diz que, em última análise, nada faz sentido. Nós lutamos e nos esforçamos neste pequeno planeta irrelevante, que se move pelo infinito, sem que pudéssemos dizer onde realmente nos encontramos ou para que tudo isso. Segundo a Teoria da Relatividade de Einstein, nem é fácil dizer em que tempo vivemos, porque não existe uma simultaneidade (*Gleichzeitigkeit*) absoluta, nenhum ponto no presente no qual todos os eventos que ocorrem "agora" no universo pudessem ser medidos. Alguns físicos e metafísicos chegam até a acreditar que o tempo não existe, que, na verdade, tudo já aconteceu e que o tempo é apenas um tipo de ilusão de seres "moventes"[29].

Será que ainda estamos vivendo uma vida com sentido, ou será que o encaixamento infinito do mundo em campos de sentido destrói qualquer sentido, qualquer relevância?

---

29 Cf. GREENE, B. *Der Stoff, aus dem der Kosmos ist*: Raum, Zeit und die Beschaffenheit der Wirklichkeit. Munique, 2008.

Nada disso, bem ao contrário: Existe tanto sentido que é fácil perder a orientação. Talvez tenha sido isso que o famoso protofilósofo grego Tales de Mileto quis expressar quando disse supostamente: "Tudo está cheio de deuses". O grande filósofo do pós-guerra Hans Blumenberg identificou, em alguns livros belíssimos e inspiradores, nisso um lamento[30]. Já que, para Tales, existia um número grande demais de deuses, ele queria facilitar as coisas e inventou um pensamento científico moderno, o pensamento segundo o qual tudo o que existe consiste de uma única matéria: "Tudo é água" (como habitante de uma cidade portuária ele levava a água muito a sério). Hoje sabemos que nem tudo é água, mas ainda acreditamos que talvez exista uma única substância universal da qual tudo consiste.

A proposição de Tales "Tudo é água" é, porém, duplamente falsa. É falso que tudo é água (algumas coisas são fogo, outras são pedra). Mas é também falso que exista qualquer coisa que seja tudo. "Tudo" significa nada. A expressão "tudo" se refere a nada concreto. Podemos dizer: "Todos os leões gostam de gazelas" ou "Todos os rios transportam água", mas não podemos dizer: "Tudo é X". Caso contrário, existiria um X geral e universal, um conceito geral e universal que abarcasse tudo. Esse conceito geral e universal seria, porém, o mundo, sobre o qual já sabemos que ele não existe. Por isso, não existe uma teoria que descreve tudo de uma só vez, porque algo como "tudo de uma só vez" não pode existir.

Mas a ontologia fractal que sugeri acima não diz que tudo é igual, que tudo consiste de pequenas cópias do mundo, que só existem num contexto e assim se distinguem do mundo? Se assim fosse, ela teria cometido o mesmo erro de Tales e dito: "Tudo é campos de sentido", ou, de forma gramaticalmente mais correta: "Campos de sentido são tudo o que existe".

---

30 Cf. p. ex., BLUMENBERG, H. *Arbeit am Mythos*. 6. ed. Frankfurt am Main, 2001, p. 33ss. Sobre Tales, cf. BLUMENBERG, H. *Das Lachen der Thrakerin – Eine Urgeschichte der Theorie*. 4. ed. Frankfurt am Main, 1987.

Imaginemos isso de modo um pouco mais concreto: Se existirem apenas campos de sentido em outros campos de sentido, já que é impossível isolar um campo de sentido, "a realidade" seria então um tipo de olho de mosca infinitamente grande, infinitamente intercalado e sobreposto? Encontramo-nos em qualquer um desses segmentos sem a possibilidade de determinar em qual, já que todos os segmentos são indistinguíveis uns dos outros? Essa situação seria literalmente "de enlouquecer".

No entanto, posso acalmá-lo. Não nos encontramos nessa situação, ou melhor: Meus argumentos parecem sugerir que não nos encontramos nessa ou numa situação semelhante. Pois apenas se os campos de sentido não se diferenciassem em nada uns dos outros, os campos de sentido apresentariam uma superfície lisa – um olho de mosca infinitamente grande, infinitamente intercalado e sobreposto. Mas os campos de sentido são bem diferentes: Um passeio de barco no Rio Amazonas se distingue de modo fundamental de um sonho ou de uma equação física. Cidadania é algo bem diferente de uma pintura medieval.

O que faz de um campo de sentido um campo de sentido não se esgota no fato de ser um campo de sentido. É justamente por isso que estou falando de campos de sentido e não de campos de objetos. A diferença é esta: Um campo de objetos tende a ser neutro em relação à pergunta sobre o que ocorre nele. Imagine, por exemplo, uma casa em algum lugar no Brooklyn. Sei sobre essa casa apenas que ela tem sete quartos. Esses quartos são campos de objetos. Os quartos permanecem os mesmos. Não importa o que encontrarmos neles, eles continuarão sendo quartos. E também um quarto vazio continua sendo um quarto. Os campos de sentido, por sua vez, não podem ser compreendidos sem a orientação ou organização dos objetos que neles se manifestam. É um pouco como um campo magnético que só conseguimos ver se espalharmos determinados objetos que então passam a revelar a forma do campo. Os campos de sentido são determinados pelos objetos que neles se manifestam. Os campos de sentido e seus objetos são inseparáveis. Os objetos estão intimamente vinculados ao sentido dos campos de sentido.

Isso nos mostra que identidade e individualidade são essenciais para a nossa compreensão dos campos de sentido. Para que possam existir vários campos de sentido, eles precisam ser distintos uns dos outros. Aquilo que distingue os campos de sentido uns dos outros é o seu sentido, e nós precisamos conhecê-lo caso queiramos saber em que campo de sentido nos encontramos. O conceito ontológico do campo de sentido nos explica apenas que existem necessariamente muitos campos de sentido e que eles são distintos uns dos outros. Mas ele não nos diz concretamente quais campos de sentido existem e como são constituídos. Para isso, precisamos, além da ontologia, da ajuda das outras ciências, da experiência, dos nossos sentidos, da língua, do pensamento ou, em uma palavra: de toda a realidade do conhecimento humano. A ontologia nos mostra apenas que a realidade não pode consistir de campos de sentido indistintos e idênticos. Mas a ontologia não pode nos dizer *quais* campos de sentido existem em determinado momento, não pode nos apresentar uma lista de campos de sentido concretos. Esse trabalho cabe às ciências empíricas.

Nós podemos nos enganar. Pois podemos identificar nossa localização num campo de sentido errado. Nesse sentido, nós nos enganamos, por exemplo, quando acreditamos que existem gnomos na Noruega. Os gnomos podem existir na mitologia nórdica (que, por sua vez, existe na Noruega). Mas isso não significa que os gnomos existem na Noruega. Pois aquilo que pertence ao campo de sentido "Noruega" ocorre dentro de determinadas fronteiras ou possui sua nacionalidade. Gnomos, porém, não se encontram no território que chamamos de "Noruega" nem possuem a nacionalidade norueguesa. Portanto, não existem gnomos na Noruega, eles existem apenas na mitologia nórdica.

Diante desse pano de fundo, podemos solucionar um grande enigma da história da filosofia. Esse enigma resulta da pergunta como devemos entender uma proposição existencial negativa. *Proposições existenciais negativas* são sentenças que afirmam a não existência de algo. Há muitos séculos, essas sentenças vêm causando dores de cabeça aos filósofos. A razão disso é que, aparentemente, pressupomos que algo existe quando lhe atribuímos uma propriedade. Quando digo que Judite está com dor de cabeça, pressuponho que existem tanto a Judite quanto a dor de cabeça. Caso contrário a Judite não poderia estar com dor de cabeça. Se isso vale em geral para as proposições, vale também para proposições negativas. Se dissermos que Judite não possui um carro, alegamos a existência de Judite e de carros, só que, neste momento, Judite não possui nenhum desses carros. Mas o que acontece se afirmarmos que Judite não existe? Estaríamos alegando que existem Judite e objetos existentes, só que Judite não faz parte dos objetos existentes? Se Judite possuir a propriedade de não existir, ela não precisa existir? Afinal de contas, algo que não existe não pode possuir propriedades. Aparentemente, porém, Judite possui a propriedade de não existir, ou seja, ela precisa existir, o que resulta na contradição segundo a qual Judite precisa existir para não existir.

Às vezes, esse problema é relacionado também ao fato de que nada podemos dizer sobre o nada. Quando fazemos uma proposição sobre o nada, pressupomos aparentemente que ele existe e que ele é algo determinado, ou seja, o nada. Mas assim não estaríamos falando sobre o nada, pois o nada não é algo determinado, tampouco existe. O nada parece ser no máximo aquilo que "apreendemos" quando não pensamos, o que significa evidentemente que não podemos apreender o nada com nossos pensamentos. Mas com isso já fizemos várias proposições sobre o nada, de forma que nos perguntamos se o nada não seria, de fato, algo.

Esses problemas, porém, rapidamente são desmascarados como problemas aparentes. Simplesmente precisamos entender as proposições existenciais negativas e o nada de forma completamente diferente.

O que estamos afirmando quando dizemos que algo não existe? Quando afirmamos, por exemplo, que bruxas não existem, o que estamos querendo dizer? Vejamos isso com mais cuidado e formulemos uma proposição existencial negativa verdadeira:

Bruxas não existem

Alguém poderia objetar que bruxas existem sim, por exemplo, no *Fausto* de Goethe, no *Blair Witch Project*, nas cabeças confusas dos inquisidores espanhóis e no carnaval de Colônia. A sentença
> Bruxas existem

é, portanto, igualmente verdadeira. Temos agora uma contradição desagradável. Pois agora temos a sentença
> Bruxas existem, e bruxas não existem.

No entanto, reconhecemos imediatamente que não há aqui uma contradição verdadeira. Pois não afirmamos que as bruxas existem *num sentido generalizado* e que as bruxas não existem *num sentido generalizado*. É sempre uma questão de contexto: Quando contestamos que algo existe, contestamos sempre que algo se manifesta em determinado campo de sentido. E sem arriscar uma contradição, podemos dizer ao mesmo tempo em que aquilo se manifesta em outro campo de sentido. Portanto, bruxas existem, mas simplesmente não no sentido pretendido pela inquisição espanhola. Quando afirmo que não existe um McDonald's no meu bairro, não estou afirmando que nenhum McDonald's existe. Isso tem validade geral: Proposições existenciais, sejam elas positivas ou negativas, se referem sempre apenas a um campo de sentido ou a alguns campos de sentido, mas jamais a todos e muito menos a um campo de sentido que abarque tudo. É justamente pelo fato de não existir um campo de sentido que abarca tudo o que a existência é sempre relativa, ou seja, sempre relativa a um ou vários campos de sentido.

Aqui, um leitor poderia objetar: Não existe um contraste entre existência e alucinação, equívoco e mera imaginação? Quando dizemos que existem toupeiras, não estamos dizendo que as toupeiras não são meramente imaginadas, mas que elas existem *realmente*? Ou quando estivermos falando de alienígenas: O que queremos saber não é se os alienígenas existem em nossa imaginação, mas se eles realmente existem lá fora em algum lugar nas profundezas do espaço.

Essa objeção faz a distinção equivocada entre *existência* e *imaginação*. Pois imaginações também existem, e muita coisa só existe em imaginações. Os acréscimos "existe *apenas*" e "existe *realmente*" não suspendem a relatividade. Vemos isso, por exemplo, numa discussão entre dois intérpretes do *Fausto*, de Goethe. Um deles afirma que não existem bruxas no *Fausto*. Fausto estaria apenas alucinando as bruxas. Ou outro responde dizendo que as bruxas existem realmente no *Fausto*, que Fausto não só as imagina, mas que elas são reais no mundo do drama. A distinção entre "real" e "meramente imaginado" afeta, portanto, também o mundo de um drama, que, por sua vez, é "apenas imaginado". Existe, portanto, também no "meramente imaginado" o contraste entre "real" e "meramente imaginado".

Por isso, a existência não tem a ver primariamente com sua ocorrência no universo ou com um objeto físico e material. Caso contrário, não poderíamos discutir sobre quais figuras fictícias realmente existem ou não no mundo de um romance. Existência é sempre existência em um campo de sentido específico. A pergunta é sempre: Qual é o campo de sentido em questão? E é aqui que, muitas vezes, nos enganamos. Instituições organizadoras de caças a bruxas confundiram suas imaginações com mulheres que viviam na Europa. Mas nenhuma mulher, na Europa ou em qualquer outro lugar do mundo, era uma bruxa (com poderes mágicos). Portanto, as bruxas existiam sempre apenas na imaginação de seus caçadores. Mas elas nunca existiram na Terra. No campo de sentido "terra" nenhuma bruxa se manifesta; mas no campo de sentido "imaginações dos caçadores de bruxas", sim. Portanto, é absolutamente legítimo afirmar que existiam bruxas em algumas imaginações do início da Modernidade ou que existem bruxas no *Fausto*.

Mundo externo e mundo interno

Infelizmente, muitos filósofos não acompanharam os avanços da filosofia moderna desde Kant. Por isso, ainda acreditam, como alguns filósofos materialistas do início da Modernidade, que existe um chamado "mundo externo", que age sobre nossos sentidos e sobre as concepções que temos desse "mundo externo". Enquanto o mundo externo existe, nossas concepções são nem verdadeiras nem falsas, assim como o mundo externo é nem verdadeiro nem falso, mas simplesmente existente. No entanto, é simplesmente falsa a afirmação segundo a qual existiria um mundo externo e, além deste, as concepções que temos dele. Pois isso pressupõe uma imagem do mundo ontologicamente falsa: a chamada visão do mundo científica.

O primeiro equívoco consiste em vincular a ciência a uma imagem do mundo. Isso não é nenhuma sabedoria filosófica. Eu e muitos outros adultos da minha geração a aprendemos por meio do *Muppet Show*, que – como tantos livros infantis e tantas crianças – é muito mais sábio do que muitos adeptos da chamada "imagem científica do mundo". No *Muppet Show* existe um programa chamado "Porcos no espaço". O título já diz tudo. Pois o programa pretende em primeira linha ensinar às crianças que nós, os seres humanos, não somos porcos no espaço. Não somos apenas animais que comem, digerem e computam, perdidos nas infinitas profundezas estúpidas de uma galáxia sem sentido, mas seres humanos – e isso significa sobretudo: seres que sabem que existem e que eles ocorrem num mundo. Em uma sequência de "Porcos no espaço", a nave viaja pelo espaço, perdida e sem esperanças. Na primeira tomada, vemos como o capitão tenta desenhar um mapa das infinitas profundezas do espaço – o "8" deitado, porém, se parece mais com um patinho. Entrementes, a desesperada Miss Piggy exclama: "Ah não, nao, nao. Estamos perdidos nas infinitas profundezas do espaço. Por que não admitimos isso?" Em seguida, ela sofre uma crise existencial. O capitão responde apenas: "Eu já estive numa situação sem saída semelhante e mesmo assim consegui encontrar uma saída". De repente, os porcos percebem que estão atravessando um "campo de ondas de comida mortais", razão pela qual o lápis do capitão passa a ter gosto de ameixa. As ondas "transformam tudo a bordo em comida". Os porcos atravessam um campo de sentido no qual tudo é comestível, e sua nave se transforma em um lugar onde a única coisa que interessa é comer.

A chamada imagem científica do mundo realmente acredita que o ser humano é um tipo de porco no espaço. Ela confunde existência com o campo daquilo que podemos acessar com nossos sentidos e projeta as necessidades de sentido humanas sobre as profundezas das galáxias. Não surpreende, portanto, que tudo parece esvaziado de sentido e relevância, se vermos o ser humano como porco no espaço (no entanto, admito que, às vezes, nós realmente nos comportamos como porcos no espaço)!

Quando nos ocupamos com imagens do mundo ou com a realidade como um todo, costumamos nos distanciar muito de nossas experiências do dia a dia. Por isso, é muito fácil ignorarmos aquilo que Heidegger chamou de "saltar por cima"[31]. De certa forma, contemplamos a realidade "de fora" e nos perguntamos como ela é constituída. Dessa distância estranha, muitos têm a impressão de que o mundo é algo lá fora, como se nós estivéssemos num quarto ou no cinema e contemplássemos a realidade. Daí o termo "mundo externo". Mas evidentemente nós nos encontramos dentro dela, mas muitas vezes não fazemos ideia dentro de que nos encontramos e qual o sentido de tudo isso.

Mas ao mesmo tempo em que nos distanciamos tanto de nossa vida real, já tomamos muitas decisões teóricas. Na verdade, não tomamos essas decisões de forma consciente, pois elas já foram tomadas para nós. Pois as imagens do mundo são propagadas pelas mídias, por sistemas educacionais e instituições de todo tipo. Somos bombardeados constantemente com imagens manipuladas (processadas indevidamente e lindamente coloridas) do telescópio espacial Hubble e com modelos das mais novas partículas elementares, que supostamente nos permitirão a visão definitiva do universo. Antigamente, eram pregadores de todo tipo que espalhavam suas mensagens. Hoje, as emissoras convidam cientistas e especialistas, e estes nos informam que, no fim das contas, existem apenas partículas de Deus e campos de Higgs e que o ser humano nada mais é do que um porco no espaço, cujos únicos interesses

---

31 HEIDEGGER, M. *Sein und Zeit*. Tübingen, 1993, § 14.

são comida e procriação. Esse tipo de ideia só pode ter quem tiver a impressão de que o modo como experimentamos a nossa vida, o modo como percebemos o mundo, nada mais é do que uma ilusão. O mundo pretende ser aquilo que vemos quando assumimos o "ponto de vista de lugar algum", como o chamou o filósofo norte-americano Thomas Nagel[32]. Veja bem, Nagel demonstrou que nós não podemos alcançar o ponto de vista de lugar algum, que ele representa apenas um ideal confuso que tentamos alcançar, porque acreditamos que ele nos permite excluir nossos interesses pessoais quando perguntamos pela verdade.

Você se lembra de como o mundo lhe parecia aos 8 anos de idade? Você se lembra de seus desejos, medos, esperanças, de como imaginava que sua vida seria em dez ou mais anos? Lembre-se de seus velhos amigos, das festas de família, das férias, do primeiro dia de verão, de alguma descoberta importante na escola! Agora, pense o quanto sua percepção mudou ao longo dos anos. O que você observa é uma mudança de campo de sentido, uma transição de um campo de sentido para outro. Mas para isso não precisamos recorrer à nossa biografia. Fazemos a experiência de mudança de campo de sentido o tempo todo, em cada instante, por mais insignificante que seja. Escrevo estas linhas na minha varanda, é o primeiro dia com clima de verão, no final de abril de 2012. Enquanto escrevo estas linhas, olho de vez em quando para uma linda torre de igreja que posso ver aqui da minha varanda. O filho do vizinho me chama. O pequeno David está brincando com uma mangueira e exige minha atenção. Um planador atravessa o céu, e eu me lembro de uma conversa com Thomas Nagel sobre os pensamentos que acabo de anotar. Em pensamentos vou até seu escritório em Nova York, perto do Washington Square Park. Ele está sentado atrás de sua escrivaninha e possui uma personalidade muito ponderada e bondosa. Agora, abandono minhas lembranças e percebo o início de uma sede. Tomo um gole do chá que está do meu lado.

---

32 Cf. NAGEL, T. *Der Blick von Nirgendwo*. Frankfurt am Main, 2012.

O que aconteceu aqui foi uma pequena viagem, que nós realizamos centenas de vezes a cada dia. Passamos de lembranças para impressões físicas como o calor agradável ou a calça desconfortável, e destas para pensamentos teóricos e ruídos. Nós nos perguntamos como devemos interagir com nossos próximos (como, p. ex., o pequeno David) e como formularemos a próxima oração. O tempo todo passamos por inúmeros campos de sentido e nunca alcançamos um destino, jamais alcançamos um campo de sentido último, que abarque tudo. Mesmo quando imagino as profundezas infinitas das galáxias ou realizo algum experimento mental, tudo o que faço é atravessar outros campos de sentido. É como se fôssemos guiados de campo de sentido para campo de sentido. Mesmo quando assumimos nossa vida de forma muito consciente e agimos com propósito, nós nos deparamos a cada instante com inúmeros acasos: cheiros inesperados, pessoas desconhecidas, situações novas e singulares. Nossa vida é um único movimento por campos de sentido, e nós criamos ou encontramos os contextos respectivos. Ao escrever estas linhas, por exemplo, eu ativo o campo de sentido "primeiro dia com clima de verão em que escrevo estas linhas" e identifico nele os objetos que nele se manifestam. Por isso, ocorrem nestas páginas a torre da igreja e o pequeno David – detalhes do dia a dia, mas detalhes importantes.

Nossa língua do dia a dia, porém, não basta para realmente nos aproximar daquilo que experimentamos, razão pela qual poetas como Rainer Maria Rilke demonstraram ser os fenomenólogos melhores, os salvadores dos fenômenos. Em um de seus *Neuen Gedichte* (Novos poemas), ele descreve a infância exatamente como a ontologia dos campos de sentido, que se orienta em muitos pontos na poesia de Rilke.

> Seria bom refletir muito, para
> dizer algo sobre o perdido,
> sobre aquelas longas tardes de infância
> que nunca mais voltaram – e por quê?
>
> Ainda nos adverte: talvez numa chuva
> mas já não sabemos mais para quê;

nunca mais a vida trouxe tantos encontros,
reencontros e despedidas

como na época, quando nada acontecia senão
aquilo que acontece a uma coisa e a um animal:
vivíamos, como humanos, o seu
e nos preenchemos de figura.

E assim nos isolamos como um pastor
e nos sobrecarregamos com grandes distâncias
e como que chamados e tocados de longe
e introduzidos como um novo e longo fio
naquelas sequências de imagens,
que, detendo-nos nelas, nos confundem[33].

Nós, os seres humanos, perguntamos com todo direito qual é o sentido de tudo isso e onde nos encontramos. Não podemos subestimar esse impulso metafísico, pois é ele que nos caracteriza como humanos. O ser humano é um animal metafísico, um animal que deseja também determinar sua "posição no cosmo", como o formulou Max Scheler em um pequeno livro clássico[34]. No entanto, precisamos ter muito cuidado com a nossa resposta à pergunta sobre o sentido de tudo isso. Pois não podemos simplesmente "saltar por cima" da nossa experiência e fazer de conta que existe um mundo gigantesco, no qual a nossa experiência não importa. Em seu livro *Riskante Lebensnähe – Die szenische Existenz des Menschen* (Perigosa proximidade da vida – A existência cênica do ser humano), o filósofo Wolfram Hogrebe descreveu esse erro de forma certeira como "pátria fria"[35].

O mundo em que vivemos é uma única e constante transição de campo de sentido para campo de sentido, como fusão e encaixamento de campos de sentido. Não se trata, ao todo, de uma pátria fria, pois não existe algo como "ao todo".

---

33 RILKE, R.M. *Die Gedichte*. Frankfurt am Main, 1998, p. 456s.

34 SCHELER, M. *Die Stellung des Menschen im Kosmos*. Bonn, 2007.

35 HOGREBE, W. *Riskante Lebensnähe* – Die szenische Existenz des Menschen. Berlim, 2009, p. 40.

É incontestável que nós vemos o mundo "do ponto de vista de um ser humano"[36], como disse Kant. Isso, porém, não significa que nós não o reconhecemos como ele é em si. Reconhecemos do ponto de vista de um ser humano como o mundo é em si.

No próximo capítulo, veremos que não se trata de solapar as ciências ou sua objetividade. Só não podemos confundir a objetividade das ciências com a exploração do mundo. As ciências naturais analisam seus campos de objetos e, muitas vezes, acertam e, algumas vezes, se enganam. O fato de ignorarmos nisso a nossa própria experiência cotidiana, passando apressadamente do detalhe para o todo e esquecendo de nós mesmos, não é algo imanente à ciência, mas simplesmente um hábito mau, hábito este que, felizmente, podemos perder.

A filosofia, por sua vez, surgiu tanto na antiguidade grega quanto na antiguidade indiana e chinesa com pessoas que se perguntaram quem elas eram. A filosofia quer saber quem somos, ela nasce do desejo de autoconhecimento, não do desejo de nos excluir da fórmula universal. A descoberta de que o mundo não existe, de que existem apenas campos de sentido, que se multiplicam infinitamente em infinitas variações, nos permite verbalizar o ser humano independentemente de qualquer visão do mundo específica. Pois todas as imagens do mundo são falsas, pois elas partem do pressuposto segundo o qual existiria um mundo do qual possamos fazer uma imagem. Como veremos, podemos abrir mão disso sem, por isso, abrir mão das ciências. Antes precisamos protegê-las contra a expectativa de que elas expliquem tudo, uma expectativa que nada e ninguém pode satisfazer.

---

36 KANT, I. *Kritik der reinen Vernunft*. Stuttgart, 1975, p. 90.

IV
A imagem do mundo da ciência natural

Vivemos na Modernidade, e a Modernidade é a era da ciência e do Iluminismo. O termo Iluminismo designa sobretudo um processo no século XVIII, considerado por muitos o primeiro clímax da Modernidade. Outros, porém, o veem como prenúncio da catástrofe política do século XX, como, por exemplo, Theodor W. Adorno e Max Horkheimer, coautores do livro *Die Dialektik der Aufklärung* (A dialética do esclarecimento)[37]. Com esse livro, tornaram-se os fundadores da Teoria Crítica, cuja missão é analisar seu próprio tempo para detectar suposições distorcidas pela ideologia. A filosofia francesa do século XX desenvolveu de forma sutil uma crítica semelhante ao Iluminismo, por exemplo, na obra do filósofo, sociólogo e historiador Michel Foucault.

No entanto, não devemos identificar a Modernidade como era da ciência com o processo histórico do Iluminismo, pois a Modernidade se inicia já no início da Idade Moderna, ou seja, já no século XV, com uma revolução científica – que também desencadeou revoluções políticas –, enquanto o Iluminismo começa apenas no século XVIII. A revolução científica consistia basicamente do descarrilamento de toda a imagem do mundo da Antiguidade e da Idade Média. O mundo, descobriram, não era ordenado do modo como se acreditara na Europa durante milênios desde os

---

[37] ADORNO, T.W. & HORKHEIMER, M. *Dialektik der Aufklärung* – Philosophische Fragmente. Frankfurt am Main, 1988.

inícios da filosofia grega. A Modernidade começa com a decentralização do ser humano e de seu espaço de vida, o Planeta Terra. A humanidade entendeu que ela está inserida num contexto muito maior do que jamais ousara sonhar e que esse contexto de forma alguma se orienta pelas necessidades do ser humano. No entanto, deduziram disso, um pouco rápido demais, uma imagem científica do mundo, na qual o homem não ocorreria mais. O ser humano começou a se excluir do mundo e de igualar este à pátria fria, ao universo. Assim, porém, ele sorrateiramente se reintroduziu na imagem do mundo, pois a suposição segundo a qual o mundo seria essencialmente um mundo sem espectadores não consegue existir sem o espectador, do qual ela tenta se livrar.

É também muito interessante que a ideia de uma pátria fria sem espectadores surgiu justamente num tempo em que os europeus descobriram seres humanos com uma pátria genuinamente diferente. O descobrimento da América é a descoberta de que existe mais do que se acreditava. O fato de que estes outros também eram seres humanos no pleno sentido da palavra, mas que se distinguiam dos europeus, foi bastante irritante para os europeus da época. Uma consequência desse encontro foi o questionamento da posição do ser humano no cosmo como um todo. Como ressalta o etnólogo brasileiro Eduardo Viveiros de Castro, o recalcamento progressivo dos supostos "selvagens" se transformou em motor da suposição segundo a qual o universo poderia viver muito bem sem o ser humano. Como Viveiros de Castro também demonstrou, muitas das comunidades indígenas, que hoje vivem no Brasil, são ontologicamente muito mais avançadas do que a imagem científica do mundo, porque não supõem que eles se encontram num universo sem espectadores, mas porque se ocupam com a pergunta por que eles existem como espectadores e o que isso significa para eles. Por isso, Viveiros de Castro vê essas comunidades também como antropólogos e etnólogos, dos quais podemos aprender que não podemos nos esquivar da pergunta: Quem somos nós como seres humanos?[38] Ele chama isso de "antropologia simétrica", o que significa que tanto os descobridores europeus como também as comunidades indígenas são seres humanos que se analisam mutuamente.

Independentemente da difícil pergunta histórica e histórico-filosófica se a Modernidade levou ao Iluminismo e se o Iluminismo levou às grandes catástrofes políticas do século passado, como acreditavam Adorno e Horkheimer, podemos constatar de forma totalmente sóbria que é certamente uma vantagem enorme viver numa era da ciência. É simplesmente melhor ir a um dentista com seu conhecimento atual e suas possibilidades técnicas do que ir ao dentista de Platão. Viajar também se tornou muito mais confortável. Quando um filósofo grego de Atenas era convidado para fazer uma palestra na Sicília, ele precisava fazer uma viagem de navio muito desconfortável movido às remadas de escravos. (E nem mesmo o banquete após a palestra teria sido muito recomendável segundo os padrões de hoje, pois na Europa da época não existiam nem mesmo tomates, que só vieram para a Europa por meio das descobertas do início da Idade Moderna. E os gregos antigos também não possuíam uma abundância de temperos. Não surpreende, portanto, que a via marítima para o paraíso dos temperos na Índia foi um fator importante no surgimento da Modernidade.)

A despeito de suas grandes conquistas científicas, os gregos antigos acreditavam que o universo era bastante limitado – certamente ficariam surpresos ao saber quantos sistemas solares existem na Via Láctea segundo estimativas e cálculos atuais. Além disso, quem ocupava o centro da filosofia grega era o ser humano, o que também é um exagero. Atribuem ao filósofo Protágoras até a tese segundo a qual o ser humano seria "a medida de todas as coisas", tese esta que conquistou seu lugar na história como TEOREMA DA HOMO MENSURA. A Modernidade contrapõe a este o TEOREMA DA

---

[38] Cf. CASTRO, E.V. "Die kosmologischen Pronomina und der indianische Perspektivismus". *Schweizerische Amerikanisten-Gesellschaft*, vol. 61, 1997, p. 99-114.

SCIENTIA MENSURA, como explicou explicitamente o filósofo norte-americano Wilfrid Sellars:

> Quando eu [...] *fala como filósofo*, posso muito bem afirmar que o mundo cotidiano dos objetos físicos é irreal no tempo e no espaço – i.e., que não existem coisas desse tipo ou, em palavras menos paradoxais, que, ali onde se trata de descrever e explicar o mundo, a ciência é a medida de todas as coisas, tanto das coisas existentes quanto das inexistentes[39].

Na era da ciência, o mundo dos homens é visto como suspeito, como âmbito da ilusão, enquanto o mundo da ciência, o universo, se torna a medida da objetividade. A pergunta não é mais como o mundo nos parece, mas como ele é em si mesmo.

No entanto, os últimos capítulos já devem ter nos capacitado a questionar essa imagem do mundo tão propagada. Pois da ontologia dos campos de sentido segue que não pode existir uma camada fundamental da realidade – o mundo em si –, que em nossos registros se apresenta sempre de forma distorcida. O CIENTIFICISMO, ou seja, a tese segundo a qual as ciências naturais reconhecem a camada fundamental da realidade (o mundo em si), enquanto todas as outras pretensões de conhecimento sempre poderão ser reduzidas ao conhecimento científico-natural ou precisam ser validadas por este, é simplesmente errada.

Disso não segue uma crítica a qualquer disciplina científica específica ou ao ideal moderno da cientificidade. O progresso científico traz avanços medicinais, gastronômicos, econômicos e também políticos. Quanto maior for nosso conhecimento científico, mais nos aproximamos de algumas verdades e superamos equívocos antigos. Independentemente da pergunta sobre a relação entre Iluminismo e ciência, podemos então constatar que o progresso científico é algo positivo. No entanto, o progresso científico não é idêntico ao progresso científico-natural. Existe pro-

---

39 SELLARS, W. *Der Empirismus und die Philosophie des Geistes*. 2. ed. Paderborn, 2002, p. 72.

gresso também na sociologia, na ciência da arte e na filosofia, e existem também processos progressivos que ocorrem independentemente do pensamento científico, como, por exemplo, progressos no esporte do *skate*.

Conquistas científicas são proezas maravilhosas. Quando constatamos que vivemos numa era científica, isso é também uma mensagem positiva – um tipo de título de honra. Pois ciência conota ausência de preconceitos, conhecimentos que podem ser transmitidos para qualquer pessoa, independentemente de seu *status* social. A ciência adquire conhecimentos de uma maneira que pode ser acompanhada e verificada por todos que tenham aprendido seus métodos. Nesse sentido, é um projeto democrático, pois postula a igualdade de todos os seres humanos diante da verdade e da busca da verdade, o que não significa que não existam cientistas melhores e piores. Mesmo assim, a ciência é, fundamentalmente, um bem comum.

A situação se complica, porém, quando vinculamos o título de honra da "ciência" ou o predicado "científico" a uma imagem do mundo – por duas razões fundamentais, que refutam uma imagem científica do mundo e a cientificidade de qualquer imagem do mundo. Essas razões são, elas mesmas, científicas; elas são justificadas, compreensíveis e verificáveis, o que significa também que elas podem ser questionadas e refutadas – mas isso também precisa ser feito de forma científica e compreensível para todos. Nesse sentido, a própria filosofia é científica, é um empreendimento que pode ser justificado e comprovado, que só pode ser questionado e refutado com argumentos melhores. Nos dois séculos passados, sobretudo após Kant, a filosofia revolucionou sobretudo o conceito de mundo. Também a filosofia avançou, seu progresso a colocou numa posição que a capacita a solapar as imagens do mundo como tais.

A primeira razão pela qual toda imagem científica do mundo fracassa é que o mundo não existe. Não podemos fazer uma imagem de algo que não existe e que não pode existir nem mesmo nos pensamentos. Não podemos nem mesmo inventar o mundo. A outra razão, que ocupará um espaço maior neste capítulo, tem a ver com o seguinte: Não podemos fazer uma imagem do mundo, porque não podemos olhar o mundo de fora. Como já disse ao citar um pensamento esclarecedor de Thomas Nagel, não podemos alcançar o "ponto de vista de lugar algum". Sempre contemplamos a realidade de algum ponto de vista. Sempre estamos em *algum lugar* e jamais contemplamos a realidade de *lugar algum*.

A primeira razão do fracasso da imagem científica do mundo é de natureza *ontológica*. Ela mostra que a imagem científica do mundo se apoia em pressuposições comprovadamente erradas, de forma que aquilo que segue dessas pressuposições também é necessariamente errado ou pelo menos cientificamente injustificado. A segunda razão é de natureza *epistemológica*. Ela tem a ver com o fato de que não conseguimos assumir um ponto de vista em lugar algum. Disso não segue que não podemos obter qualquer conhecimento ou que podemos apenas projetar modelos do mundo sem jamais avançar e alcançar os fatos em si. Seria equivocado acreditar que nossas convicções ou modelos científicos distorçam nossa visão mental, de forma que veríamos sempre apenas o mundo dos seres humanos, o mundo interpretado segundo nossos interesses próprios, mas jamais o mundo em si. Pois o mundo dos seres humanos também faz parte do mundo em si ou, na língua da ontologia dos campos de sentido: Alguns campos de sentido são acessíveis apenas ao ser humano, e eles são tão "reais" quanto os campos de sentido com cujos fatos o ser humano jamais entrará em contato.

A chamada imagem científica do mundo fracassa por razões cientificamente comprováveis. Quando a analisamos de forma metódica e sem preconceitos, ela desmancha e escorre pelos nossos dedos. Mas antes de aplicarmos a lupa conceitual e analisarmos mais de perto a engrenagem dos argumentos e contra-argumentos, é importante entendermos o que a expressão "imagem científica do mundo" pretende dizer e alcançar. Precisamos primeiro obter clareza em relação a isso para entender o conflito entre ciência e religião, entre a imagem científica do mundo e as muitas imagens do mundo religiosas, que nos ocupará no próximo capítulo.

Naturalismo

Adeptos de uma imagem científica do mundo costumam argumentar da seguinte maneira: Existe apenas uma única natureza. A natureza é campo de objetos das ciências naturais, o universo. Agora, não existe qualquer coisa extra ou sobrenatural. Pois qualquer coisa extra ou sobrenatural violaria as leis naturais. Já que nada pode violar as leis naturais (pois esta é a definição das próprias leis), existe apenas a natureza. Essa posição segundo a qual existe apenas a natureza, apenas o universo, costuma ser chamada de NATURALISMO[40]. Segundo o naturalismo, só pode existir o que pode ser ontologicamente remetido ao âmbito das ciências naturais, todo o resto é necessariamente uma ilusão.

Hilary Putnam, um filósofo que, como pouquíssimos outros, se ocupou intensivamente ao longo de muitas décadas com o naturalismo e com as grandes conquistas científico-naturais do século XX (principalmente da física teórica, mas também da informática e da pesquisa dos fundamentos da matemática), suspeita que, por trás do naturalismo, se esconda certo medo. Em seu livro mais recente, *Philosophy in an Age of Science*, ele observa que o naturalismo pretende proteger o universo de suposições irracionais. Suposições irracionais desse tipo incluem explicações que não são cientificamente verificáveis e que, segundo os padrões científicos, são precariamente justificáveis ou simplesmente arbitrárias.

Um exemplo: Imagine alguém que lhe explicasse que a Terra teria sido criada há duas semanas numa quinta-feira. Nesse caso, responderíamos um pouco surpresos que isso não é possível. A existência dos Alpes, por exemplo, significa que ocorreram demorados processos geológicos, impossíveis de transcorrerem em duas semanas. O mesmo vale para a nossa própria história, ainda mais porque podemos nos lembrar do tempo anterior às duas semanas. Mas se nosso informante explicasse que é algo completamente nor-

---

[40] CARO, M. & MacARTHUR, D. (orgs.). *Naturalism in Question*. Cambridge, MA, 2008.

mal pessoas recém-criadas terem esse tipo de convicções, de certa forma inscritas em suas mentes no momento de sua criação, qualquer discussão se tornaria fútil. Provavelmente chegaríamos à conclusão de que essa suposta explicação é completamente arbitrária. Podemos aceitá-la ou não, mas não podemos verificar essa hipótese.

Os naturalistas acreditam que todas as explicações tradicionais do mundo como um todo ou de alguns fenômenos, que recorram a objetos não naturais como Deus, uma alma imaterial, espíritos ou o destino, sejam casos de hipóteses arbitrárias. Para o naturalista, a suposição da existência de Deus é uma hipótese completamente arbitrária, uma entre inúmeras outras. Uma pessoa que afirma que seu Deus ordenou os Dez Mandamentos ou que Krishna era uma personificação do divino equivale, segundo o naturalismo, em termos formais, a uma pessoa que adora monstros de espaguete voadores[41]. O naturalismo refuta a religião como explicação do mundo concorrente, pois a considera uma hipótese não científica.

Até aqui, tudo bem. Realmente não pretendemos defender as invenções de hipóteses aleatórias. Por isso, à primeira vista, o naturalismo e a imagem científica do mundo aparentam ser um remédio contra um veneno perigoso: a arbitrariedade humana. Quando permitimos que o desejo seja o pai do pensamento, muitas vezes (mesmo que não sempre) nos enganamos. Descartes, um dos fundadores da imagem científica do mundo, explicou exatamente assim por que nós somos falíveis e suscetíveis ao equívoco. Ele disse que existe um excesso de vontade em relação à razão: O desejo é o pai do pensamento. Mas como cientistas queremos descobrir a verdade e nos livrar de ilusões. Não importa como nós imaginamos a realidade, o que importa é como ela é. Por isso, surge na filosofia do início da Idade Moderna uma suspeita fundamental em relação à arbitrariedade humana e à força de imaginação. A partir de agora, vale distinguir rigorosamente entre mundo

---

41 HENDERSON, B. *Das Evangelium des Fliegenden Spaghettimonsters*. Munique, 2007.

real e ficção: O mundo real, o universo, é aquilo que simplesmente nada tem a ver com nossa força de imaginação.

No entanto, o naturalismo "derrama o bebê juntamente com a água de banho". Pois ele aparenta aplicar pelo menos dois critérios para distinguir o natural do sobrenatural.

1) O sobrenatural é objeto de uma formação de hipótese aleatória, ou seja, mera invenção.

2) O sobrenatural viola as leis naturais.

No entanto, isso não fornece armas contra a religião, que costuma ser vista como adversária da imagem científica do mundo. Isso é claramente visível no movimento do neoateísmo, representado por autores como Richard Dawkins ou Daniel Dennett[42]. O neoateísmo associa a religião a uma imagem do mundo religiosa, que se encontra em concorrência com a ciência. Existem de fato, principalmente nos Estados Unidos, círculos religiosos fundamentalistas que acreditam que a Teoria Evolucionista ou a cosmologia moderna são erradas, já que Deus teria criado o universo e os animais em determinado momento poucos milênios antes do nascimento de Cristo. Precisamos concordar com Dawkins quando ele diz que o CRIACIONISMO – a tese segundo a qual a intervenção de Deus na natureza explicaria a natureza melhor do que as ciências naturais – nada mais é do que uma pseudoexplicação. Não é, simplesmente, uma hipótese científica que possa ser levada a sério, mas apenas uma invenção aleatória da imaginação humana – e nem mesmo muito antiga: Ela surgiu apenas no século XIX principalmente no protestantismo anglo-americano e não exerce nenhum papel importante aqui na Europa. Na teologia científica germanófona ela praticamente não possui adeptos, o que também se deve ao vínculo íntimo entre teologia e filosofia. Por isso, não deveríamos igualar o fenômeno da religião ao criacionismo, corretamente atacado e criticado pelos neoateus.

---

[42] Cf. DAWKINS, R. *Der Gotteswahn*. Berlim, 2008.

No início do Livro do Gênesis, bem no início da Bíblia, lemos: "No início criou Deus o céu e a terra"[43]. Tanto os naturalistas quanto os criacionistas (mas de forma alguma a teologia esclarecida, que predomina na Europa e, de forma rigorosamente científica, ressalta a multiplicidade das interpretações possíveis) costumam interpretar essa declaração como hipótese científica. Ela diz que alguma pessoa sobrenatural extremamente poderosa ("Deus") teria, algum tempo atrás, "no início", criado "o céu e a terra", ou seja, nosso planeta e tudo o que se encontra além de sua atmosfera. Como hipótese, isso é simplesmente errado, nisso precisamos concordar irrestritamente com o neoateísmo. É simplesmente um disparate acreditar que Deus tenha criado a Terra da mesma forma como um produtor de carros produz automóveis.

No entanto, se exagerarmos o naturalismo, perdemos de vista muitos fenômenos. Por exemplo, os estados. Os estados seriam objetos sobrenaturais que violam as leis naturais? Se o critério para o natural for sua capacidade de ser analisado pelas ciências naturais, então os estados são tão sobrenaturais quanto Deus ou a alma. Seria então a hipótese segundo a qual os estados existem não científica, talvez até pura arbitrariedade, simplesmente porque ela se esquiva dos critérios científico-naturais?

Monismo

Se o naturalismo e a imagem científica do mundo exigissem de nós apenas que analisássemos a realidade sem preconceitos e de modo metodicamente controlado, eles seriam bastante vazios. A maioria das pessoas que vive em sociedades com verdadeira liberdade de opinião segue essa recomendação. Os naturalistas e neoateus militantes dão um grande passo além e costumam defender uma imagem do mundo que se apoia numa forma do monismo. Trata-se do MONISMO MATERIALISTA, que considera ser o universo o único campo de objetos existente e que identifica este com a tota-

---

43 Gn 1,1.

lidade do material, que só pode ser explicado com a ajuda das leis naturais. Esse monismo é uma afirmação substancial, que exige uma justificação. Ele não pode ser aceito simplesmente como artigo de fé autoevidente. O que o neoateísmo quer é uma explicação homogênea de tudo. Acredita numa visão geral de tudo, do todo. E a visão que isso supostamente oferece – o mundo como ele é em si, a realidade em sua totalidade – é idêntica a um gigantesco recipiente espaçotemporal, no qual as partículas elementares se movimentam e deslocam segundo as leis naturais e no qual elas se influenciam reciprocamente. Outra coisa não existe.

Mas se esta for a imagem científica do mundo, ela é bastante absurda por várias razões. É, de certa forma, pior do que o Pato Donald. Pois o Pato Donald existe realmente (p. ex., nas histórias de quadrinhos de Walt Disney), mas a visão total descrita pelo monismo materialista não possui qualquer objeto. Como todo monismo, o monismo materialista fracassa ao postular um superobjeto, o mundo. Este, porém, não pode existir por razões fundamentais. Na verdade, a imagem científica do mundo nem precisaria ser materialista. Não precisaria nem mesmo ser fisicalista. Uma análise sem preconceitos, justificável, racional e metodicamente controlada existe em todas as ciências, incluindo a teologia científica. Esta não supõe que Deus seja um objeto material, ela analisa textos e sua história antes de fazer qualquer afirmação sobre Deus.

Outro argumento relativamente simples contrário à visão total do monismo materialista remete ao lógico e filósofo norte-americano Saul Aaron Kripke, que apresentou seu argumento em seu livro *Naming and Necessity*[44]. Ele se apoia numa observação muito simples. Um nome próprio como, por exemplo, "Margaret Thatcher" designa uma pessoa. Quando digo que Margaret Thatcher foi primeira-ministra da Inglaterra, eu me refiro a Margaret Thatcher, a ex-primeira-ministra da Inglaterra. Chamemos isso, seguindo uma sugestão de Kripke, de "cena de batismo". Numa cena de batismo, um nome próprio é

---

44 Cf. KRIPKE, S.A. *Name und Notwendigkeit*. Frankfurt am Main, 1981, p. 107-122.

vinculado a uma pessoa específica. Se alguém me perguntar se a Margaret Thatcher ainda está viva, eu respondo que ela faleceu em 2013.

Mas se existir outra pessoa, ainda viva, que também se chama Margaret Thatcher? Isso torna errada minha afirmação segundo a qual Margaret Thatcher teria morrido em 2013? Dificilmente, pois eu estava me referindo especificamente a Margaret Thatcher, ex-primeira-ministra da Inglaterra. Kripke acredita que a pessoa à qual eu me refiro numa cena de batismo recebe uma "designação rígida". Isso significa que essa pessoa é selecionada dentre todas as outras pessoas (quaisquer que forem seus nomes). Queira eu ou não: Quando, numa cena de batismo, eu tiver em vista Margaret Thatcher, a ex-primeira-ministra da Inglaterra, refiro-me a partir de agora ao objeto do meu batismo, cujo destino eu posso acompanhar. Kripke afirma que os "designadores rígidos" designam o mesmo objeto em todos os mundos possíveis. Isso significa que eu posso me perguntar o que Margaret Thatcher faria em vista da atual situação econômica, mesmo que ela não esteja mais viva. Posso imaginar um mundo possível no qual eu insiro a Margaret Thatcher, para então imaginar o que ela faria. De certa forma, Margaret Thatcher está, uma vez por todas, presa a um designador rígido, ao anzol de seu nome próprio. Quando introduzimos um nome próprio, mergulhamos, por assim dizer, o nosso anzol na realidade. O objeto que fisgamos está então preso ao nosso anzol, mesmo quando tivermos um conceito errado do objeto ou mesmo se preferirmos ter fisgado outro objeto (como, p. ex., Gisele Bündchen ou Brad Pitt).

Isso já nos permite reconhecer que a *identidade lógica* de Margaret Thatcher nada tem a ver com sua *identidade material*. Podemos continuar a falar sobre a mesma Margaret Thatcher como trinta anos atrás, apesar de ela não possuir mais qualquer identidade material. E o mesmo se aplica a todos nós. Eu continuaria sendo o mesmo Markus Gabriel, mesmo se tivesse jantado peixe no lugar do assado ontem à noite, mesmo que isso significasse que hoje eu consistiria em parte de outras partículas elementares.

Além disso, vale, como Putnam acrescentou ao argumento de Kripke, que eu não posso ser idêntico às minhas partículas elementares, caso contrário eu já teria existido antes do meu nascimento, mesmo que espalhado de outra forma pelo universo. As partículas elementares das quais eu consisto neste momento já existiram antes de eu existir, apenas em outras composições. Se eu fosse idêntico a elas, eu já teria existido muito antes do meu nascimento. Portanto, não somos logicamente idênticos ao nosso corpo, mas disso não segue que possamos existir sem corpo. Os argumentos de Kripke e Putnam demonstram apenas que nós não podemos ser logicamente idênticos às partículas elementares, de forma que existem muitos objetos que não podem ser ontologicamente reduzidos ao universo. O monismo materialista é falso porque existem muitos objetos (nós, p. ex., como pessoas) aos quais nós nos podemos referir de forma rígida e cuja identidade lógica precisa ser rigorosamente distinguida de sua realização material.

Infelizmente, a imagem científica do mundo se mistura com muitos contos de fadas ruins. Willard Van Orman Quine, um dos adeptos mais intransigentes de uma imagem científica do mundo, se vê obrigado a designar sua imagem científica do mundo como conto de fadas (como "mito", em suas palavras). Numa passagem famosa de seu influente ensaio "Dois dogmas do empirismo", ele compara a suposição de objetos físicos (como os elétrons) com a suposição segundo a qual os deuses de Homero existiriam:

> No que diz respeito a mim mesmo, eu, como físico leigo, continuo a acreditar em objetos físicos e não nos deuses de Homero; e considero um equívoco científico acreditar outra coisa. Mas, em vista de sua fundamentação epistemológica, existe apenas uma diferença gradual, e não fundamental, entre os objetos físicos e os deuses de Homero. Ambos os tipos de entidades ocorrem no nosso pensamento apenas como postulados culturais. O mito dos objetos físicos é epistemologicamente superior à maioria dos outros, pois tem demonstrado ser mais eficaz ao impor uma estrutura manejável ao fluxo das experiências[45].

---

45 QUINE, W.O. "Zwei Dogmen des Empirismus". *Von einem logischen Standpunkt aus.* Stuttgart, 2011, p. 123.

Quine é um materialista muito sincero. Pois ele supõe que todo conhecimento é um processo material, no qual informações são processadas, que surgem quando nossos nervos captam um estímulo do nosso ambiente físico. Aquilo que é gerado dessa forma passa então a compor uma imagem do mundo por meio de interpretações complicadas. Os conceitos gerais (como causa, efeito, partículas elementares) que usamos nesse processo seriam um tipo de ficção útil para ordenar os nossos estímulos nervosos. Disso, porém, resulta exatamente a arbitrariedade da hipótese. Quine processa seus estímulos nervosos de forma arbitrária para criar a sua imagem do mundo. Mas é justamente aqui que ele comete o erro que deveríamos evitar a todo custo numa era científica: Entre todas as imagens do mundo, ele escolhe aquela que mais lhe agrada e que ele consegue descrever matematicamente da forma mais simples. Com o mesmo direito poderíamos, porém, voltar para os deuses de Homero e descrevê-los matematicamente (o que seria ainda mais fácil, pois, dependendo da contagem, precisaríamos incluir em nossos cálculos apenas uma dúzia de deuses principais).

O livro do mundo

Na verdade, Quine desistiu do contato com a realidade, como Putnam – que, durante décadas, foi colega de Quine em Harvard – tem ressaltado recentemente[46]. Para tanto, Putnam recorre ao *realismo científico*, segundo o qual as ciências descobrem o que existe em seu campo de objetos, em vez de definir isso por conta própria. Se é verdade que os elétrons existem, então, os elétrons não são "postulados culturais", mas simplesmente elétrons. Até mesmo objetos físicos que não podem ser observados diretamente, mas que podem ser comprovados por meio de experimentos precisam realmente existir no campo de objetos da física. Não são hipóteses úteis, mas objetos inseridos em fatos que podem ser pesquisados cientificamente.

---

46 PUTNAM. *Philosophy in an Age of Science*, p. 41s.

Algo semelhante vale, *mutatis mutandis*, também para cada proposição verdadeira, independentemente da ciência que a faça. Se é verdade que Goethe é autor do *Fausto*, isso não é uma ficção útil da germanística. Não inventamos um autor chamado "Goethe" para facilitar a nossa interpretação. Goethe existiu e ele é também o autor do *Fausto*. A princípio, disso não segue muita coisa. Goethe não é um modelo da realidade ou uma peça numa imagem do mundo. Goethe é simplesmente uma pessoa que, durante determinado período, viveu no continente europeu e que escreveu o *Fausto*.

A essa altura creio ser útil posicionar-nos mais uma vez em relação ao problema do construtivismo, que está intimamente vinculado ao discurso sobre as "imagens do mundo". Apesar de existir nas mais diversas versões, o seguinte raciocínio parece sempre fundamentá-lo de alguma forma: Imaginemos uma maçã verde. Nós seres humanos vemos uma maçã verde. Na nossa imagem do mundo existem maçãs verdes. Agora, introduzimos um marimbondo que voa ao redor da maçã. O marimbondo também vê uma maçã verde? Talvez o marimbondo veja cores completamente diferentes do que o ser humano, pois seus olhos são diferentes. Talvez nem veja uma maçã. Como podemos saber que ele ordena suas percepções sensuais de forma que lhe permita ver uma maçã, ou até mesmo uma maçã verde? Agora, introduzimos ainda um golfinho, que recebe uma imagem sonar do objeto que nós vemos como maçã verde. O construtivismo pergunta se todos – o ser humano, o marimbondo e o golfinho – não veem apenas seu próprio mundo, seu próprio objeto, sem jamais poder determinar a constituição das coisas em si. E se isso vale para as nossas percepções sensuais, isso não valeria também para as nossas ciências naturais, já que, mesmo quando recorremos a determinadas ferramentas, normalmente nos apoiamos em nossas percepções sensuais? Para manusear um instrumento precisamos sempre também da nossa percepção sensual. Esta não pode ser substituída por um instrumento. Por isso, conclui o construtivismo, cada um vê apenas o seu mundo, mas nunca a coisa em si.

O REALISMO por sua vez afirma que nós reconhecemos as coisas em si, se é que reconhecemos qualquer coisa. E o REALISMO CIENTÍFICO é, portanto, a tese segundo a qual nós com nossas teorias e instrumentos científicos reconhecemos as coisas em si e não apenas construções.

O Novo Realismo pretende realizar um programa que já surgiu no passado sob o mesmo nome, mas que, na época, não podia ainda ser justificado[47]. Pois foi sobretudo por meio de Hillary Putnam que os progressos decisivos no desenvolvimento do realismo foram obtidos na segunda metade do século passado. Ao longo da história da filosofia, surgiram as mais diversas sugestões para definir a expressão "realismo" e decidir quais teses deveriam ser vinculados a ela. Como qualquer outro conceito também, a melhor maneira de entender conceitos filosóficos é recorrer ao contraste. No nosso contexto, o mais importante conceito contrário ao realismo não é o idealismo, como alguns leitores talvez suspeitariam, mas o nominalismo – um precursor importante do construtivismo moderno.

O NOMINALISMO afirma que nossos conceitos e nossas categorias não descrevem ou representam estruturas e divisões do mundo, mas que todos os conceitos que nós criamos sobre nós mesmos e nosso ambiente são apenas generalizações realizadas para aumentar nossas chances de sobrevivência. Na verdade, não existe um conceito geral de cavalo, que abarca todos os cavalos, mas apenas muitas coisas individuais, que nós, para simplificar nossa vida, chamamos de "cavalo". No fim das contas, os conceitos nada mais seriam do que nomes vazios, afirmação esta que deu ao nominalismo o seu nome – "*nomen*" é a palavra latina para "nome". Mas se nossos conceitos fossem apenas simplificações – i.e., substitutos vazios para todos os muitos fenômenos como planetas, cavalos ou proteínas – não poderíamos mais su-

---

[47] Cf. HOLT, E.B.; MARVIN, W.T.; MONTAGUE, W.P.; PERRY, R.B.; PITKIN, W.B. & SPAULDING, E.G. *The New Realism*: Cooperative Studies in Philosophy. Nova York, 1912.

por que os objetos apresentam qualquer estrutura própria. Pois nenhuma estrutura que atribuímos aos objetos seria absolutamente inquestionável. Podemos citar como exemplo a estrutura de uma maçã vermelha. A maçã é vermelha, isso significa que ela é colorida. Faz parte da estrutura da maçã o fato de ela ser colorida. Caso contrário não poderia ser vermelha. Existem, porém, outros objetos coloridos, por exemplo, maçãs verdes. Disso segue imediatamente que o objeto possui uma estrutura que outros objetos também podem possuir. Sua estrutura é, nesse sentido, geral, ela se aplica não só a esse objeto individual. Mas se todas as estruturas gerais forem simplificações, que nós designamos com palavras vazias e sem substância, não podemos nem mesmo supor a existência de maçãs vermelhas e verdes.

De modo geral, o realismo supõe que nossos conceitos, também conceitos abstratos como amor, Estado ou o conceito do conceito abstrato, não são meros nomes que usamos para simplificar nossa vida. Antes existem estruturas, que nós retraçamos com nossos conceitos. O filósofo norte-americano Theodore Sider defende, diante desse pano de fundo, corretamente a tese segundo a qual o realismo é uma afirmação geral segundo a qual existem estruturas. Em seu livro *Writing the Book of the World*, ele chama essa posição, o REALISMO ESTRUTURAL, ironicamente de "realismo reflexo acéfalo", pois seria impossível imaginar alguém que realmente pensasse em contestar essa posição[48]. Em geral, o realismo é, portanto, a tese segundo a qual existem quaisquer estruturas que nós não só imaginamos. Enquanto o próprio Sider defende um monismo materialista pouco justificável, que de forma alguma segue necessariamente do realismo estrutural, o Novo Realismo defende a tese dupla segundo a qual nós podemos reconhecer coisas e fatos e segundo a qual as coisas e os fatos não pertencem a um único campo de objetos. Não existem apenas objetos materiais, mas também, por exemplo, leis lógicas e o conhecimento humano, que podemos reconhecer tão bem quanto os objetos materiais.

---

48 SIDER, T. *Writing the Book of the World*. Nova York, 2011, p. 18.

Minha própria variante do Novo Realismo é a ontologia dos campos de sentido, que alega que tudo aquilo que nós reconhecemos se manifesta em campos de sentido. O Novo Realismo, portanto, não molda o conceito da realidade e o conceito do conhecimento conforme o monismo materialista, pois, no campo da ontologia, quase toda a história da filosofia o ultrapassou, pois foi refutado com argumentos excelentes pela primeira vez já por Platão, por exemplo, nos diálogos *O Sofista* e *Parmênides*, e, de forma ainda mais explícita, pela *Metafísica* de Aristóteles.

Em um artigo de jornal na *Frankfurter Allgemeine Zeitung* de 04/04/2012, Thomas Thiel escreveu sobre a primeira conferência organizada na Alemanha sobre o "Novo Realismo". Nesse texto, Thiel me pergunta se a minha posição consegue demonstrar mais do que o fato de que nós conseguimos reconhecer uma única coisa, ou seja, o fato de que existem fatos. Isso ainda não representaria uma grande ameaça ao construtivismo. Afinal de contas, poderia muito bem ser que nós só conseguimos reconhecer um único fato, uma única coisa em si – o que realmente seria muito pouco. Se todo o resto fosse uma construção, o construtivismo teria sua vitória garantida.

Para vermos que este não é o caso e para demonstrarmos que nós reconhecemos necessariamente muitos fatos como realmente são, temo que precisamos voltar ao argumento mais popular a favor do construtivismo. Veremos que esse argumento se conforma facilmente ao Novo Realismo e que na verdade nem é um argumento a favor do construtivismo. O argumento principal a favor do construtivismo não consegue cumprir o que promete.

O argumento apela à fisiologia sensorial do ser humano e pode ser encontrado em diferentes versões já na antiguidade grega[49]. A única diferença entre as versões antigas e as atuais é que hoje sabemos muito mais sobre a fisiologia sensorial do ser huma-

---

[49] Sobre a pré-história do problema, cf. meus livros *Antike und moderne Skepsis zur Einführung* (Hamburgo, 2008) e *Skeptizismus und Idealismus in der Antike* (Frankfurt am Main, 2009).

no (no entanto, isso não é decisivo). O argumento começa com a constatação de um fato óbvio: Tudo o que nós sabemos sobre o ambiente físico do nosso corpo resulta do processamento de informações que surgem por meio de estímulos nervosos. O mundo que vemos, ouvimos, cheiramos, tocamos e sentimos é sempre o mundo visto, ouvido, cheirado, tocado e sentido, ou seja: o mundo como nós o registramos. O problema que supostamente resulta disso costuma ser ilustrado a exemplo do sentido da visão, que é especialmente importante para o ser humano. Imaginemos então que estamos vendo uma maçã num prato de frutas. Nesse caso, fótons, ou seja, raios eletromagnéticos, alcançam nossos olhos. Essa radiação é traduzida em impulsos elétricos, que em alguma parte do nosso cérebro geram uma imagem visual. Apesar de tudo ser absolutamente escuro dentro do nosso crânio, os impulsos elétricos produzem estímulos que nós percebemos como imagem no córtex cerebral. Os filósofos chamam essas imagens de "representações mentais". Aquilo que vemos seria, por isso, não a maçã no prato de frutas, mas uma representação mental. Essa posição é chamada de REPRESENTACIONALISMO MENTAL. Segundo ele, não vemos uma maçã no prato de frutas, antes nos encontramos na escuridão do nosso crânio, onde os impulsos elétricos geram um filme ou teatro do mundo, ao qual nós assistimos. Este filme do mundo nos ajuda a nos orientar no mundo externo, que, na verdade, consiste apenas de partículas elementares incolores e daquilo que elas compõem num nível macroscópico superior. Se pudéssemos contemplar as coisas em si "com os olhos de Deus", a situação seria bastante assustadora. Veríamos apenas a vibração de partículas elementares onde antes havíamos identificado uma maçã. Mas como se isso não bastasse, não veríamos nem a maçã nem nosso corpo com seu crânio. Não seríamos mais capazes de reconhecer nem mesmo a representação mental, a imagem visual. Por isso, essa imagem seria, igual a uma imagem sonora, à imagem elétrica do peixe-elefante ou à imagem sonar de um golfinho, um tipo de ilusão, produzida por nossos cérebros, ou melhor: pelas partículas elementares fundamentais. Pois nossos cérebros também são apenas elementos no nosso filme.

Mas como podemos saber que nós possuímos um cérebro? Como podemos saber como funciona a fisiologia sensorial do ser humano? Nosso único acesso ao nosso cérebro e à nossa fisiologia sensorial é por meio dos nossos sentidos. Se pudermos reconhecer algo sobre o mundo externo apenas por meio da percepção dos nossos cinco sentidos (em qualquer combinação), isso vale também para a nossa fisiologia sensorial e o nosso cérebro. Pois nós vemos nosso cérebro sempre apenas num espelho ou por meio de um registro técnico complicado, mas jamais recuando para dentro do nosso crânio, para lá então constatar que existe um cérebro na escuridão. Se todos os elementos que aparecerem na tela da nossa consciência forem apenas ilusões, então o nosso cérebro e, com ele, a consciência também nada mais são do que uma ilusão. Se o mundo ou o mundo externo nada mais é do que uma construção de dados sensoriais, essa tese também nada mais é do que uma construção de dados sensoriais. Tudo desaparece no abismo de um imenso redemoinho (ilusionário). Nesse cenário, não reconhecemos não só as coisas em si – tudo o que reconhecemos é uma ilusão. Segundo o representacionalismo mental, não existem cérebros nem representações mentais. Todos esses objetos são desmascarados como meras ilusões.

Esse porrete argumentativo eficiente (mesmo que um tanto bruto), que podemos usar contra o representacionalismo mental e contra o construtivismo da fisiologia sensorial, pode ser flanqueado por um argumento um pouco mais sutil. Se o construtivismo da fisiologia sensorial fosse verdadeiro, todos os objetos em nosso campo de visão seriam ilusões. Assim, porém, não existiria mais nenhuma diferença entre uma alucinação e uma percepção normal. Não faria mais qualquer diferença se eu *vejo* ou se *alucino* uma maçã. Pois também a maçã vista seria, no fim das contas, apenas um tipo de alucinação, criada pelo cérebro (ou por o que quer que seja) ao ser instigado por estímulos nervosos (ou estímulos de não sei o quê). O mesmo vale para todos os instrumentos de medição científica: alucinações. Por isso, não poderíamos mais distinguir entre representações mentais falsas e verdadeiras. Todas seriam verdadeiras, pois todas são produzidas por estímulos nervosos, e todas seriam falsas, pois nenhuma das imagens representa a coisa em si. Na vida real e a serviço da sobrevivência, porém, distinguimos com um êxito bastante grande entre alucinações e as coisas reais que percebemos. Isso significa que o campo de visão supostamente tão homogêneo dentro do nosso crânio não é, de forma alguma, tão homogêneo assim. O conteúdo de uma representação mental importa. Quando percebo uma maçã verde, a maçã verde realmente está lá onde eu a vejo. Mas quando eu alucino uma maçã verde, a maçã verde não está lá.

O que pretendo dizer é isto: Quando realmente percebemos uma maçã no prato de frutas, percebemos uma maçã no prato de frutas e não sua representação visual. Entendemos isso simplesmente pelo fato de várias pessoas poderem perceber a mesma maçã naquele prato. No entanto, cada pessoa a verá de modo diferente.

Mas não deveria existir alguma camada fundamental da realidade? Não existiriam as coisas em si, que os seres humanos apenas percebem de formas diferentes? Posso sentir a minha mão esquerda, posso cheirá-la, vê-la e ouvi-la (p. ex., quando bato palmas). Portanto, precisa existir uma coisa em si, essa minha mão esquerda, que se distingue dessas múltiplas manifestações.

E é justamente a isso que o Novo Realismo objeta que minha mão esquerda não se distingue do fato de se manifestar ora deste, ora daquele jeito. Vejo a mão neste momento exatamente daqui, e agora já a vejo de outro ponto de vista. Por que eu deveria deduzir disso que não tenho mão ou que é algo completamente exterior à minha mão o fato de eu a contemplar daqui ou dali? O ponto é que as coisas em si simplesmente se manifestam de formas diferentes. Essas manifestações são as coisas em si. O que importa é o campo de sentido em que algo se manifesta. A pluralidade dos modos de manifestação não é uma ilusão. A realidade não consiste de fatos rígidos, que se esquivam da manifestação, mas de coisas em si e de suas manifestações, sendo que as próprias manifestações também são coisas em si. A forma como a minha mão esquerda se manifesta é tão real quanto a própria mão. As coisas em si se manifestam sempre apenas em campos de sentido, e isso significa que sempre já estão inseridas em fatos. Mesmo quando apenas alucinamos uma maçã, trata-se de um fato, por exemplo, do fato de eu alucinar uma maçã verde. Alucinar uma maçã verde não significa alucinar que estou alucinando uma maçã verde.

Diante desse pano de fundo, o Novo Realismo afirma que todo conhecimento verdadeiro é conhecimento de uma coisa em si (ou de um fato em si). Um conhecimento verdadeiro não é uma alucinação ou ilusão, mas uma manifestação da própria coisa.

Alguém, porém, poderá objetar que a forma de ver ou a forma de sentir nada mais é do que um tipo de projeção ou, pelo menos, um filtro que nos apresenta as coisas em si de forma distorcida. Suponhemos que vemos como a maçã se encontra no prato de frutas. Nós a distinguimos do prato por meio de sua posição espacial. Mas como sabemos que a maçã realmente se distingue do prato? É possível que essa diferença, que não seria detectável sem a diferenciação espacial, nem existiria se nós não diferenciássemos espacialmente? Foi exatamente assim que Kant julgou a situação, razão pela qual ele chegou à consequência absurda de que as coisas em si não existem nem mesmo no tempo e no espaço. De repente, a Lua se distingue da Terra apenas porque é assim que nós as vemos!

> O que pretendemos dizer: que todas as nossas intuições nada mais são do que representações de fenômenos; que as coisas que contemplamos não são em si mesmas aquilo que as consideramos ser, nem são as suas relações tais como se nos apresentam, e que se suprimíssemos nosso sujeito, ou simplesmente a constituição subjetiva dos nossos sentidos em geral, desapareceriam também todas as propriedades, todas as relações dos objetos no espaço e no tempo, e também o espaço e o tempo, porque tudo isto, como fenômeno, não pode existir em si, mas somente em nós mesmos[50].

Muitas coisas nessa passagem são questionáveis. O que ele quer dizer quando afirma que espaço e tempo "só podem existir

---

50 KANT, I. *Kritik der reinen Vernunft*, p. 106 = KrV, A 42/B 59.

em nós mesmos"? "Em nós" não é uma identificação de local e, portanto, espacial? E "nós" não é uma afirmação temporal que se refere a nós, que existimos ontem, hoje e provavelmente também amanhã?

Verdades subjetivas

O construtivismo é absurdo, mas na maioria das vezes ele não é desmascarado. Pois já nos acostumamos a aceitar que tudo em nossa volta é, de alguma forma, uma construção cultural e que apenas as ciências naturais ainda conseguem descrever as coisas em si. Mas isso coloca as chamadas ciências do espírito em uma situação difícil. Pois se elas tratarem apenas de construções culturais, desaparece a diferença entre verdadeiro e falso, e a interpretação de uma poesia ou de um fato histórico se transforma em alucinação aleatória. O lema do construtivista feliz é: A cada um seu próprio *Fausto* ou sua própria Declaração da Independência! Tudo é uma questão de percepção.

No livro *Writing the Book of the World*, já mencionado acima, Ted Sider sugeriu um diagnóstico bastante certeiro, que harmoniza o Novo Realismo com uma dose de construtivismo. Para demonstrar isso, podemos modificar um pouco o exemplo favorito de Sider. Comecemos com um mundo extremamente simplificado, que consiste de duas metades perfeitamente separadas, uma destas sendo preta; e a outra, branca.

Nesse mundo, que chamarei de "mundo de Sider" (ilustração 6), existem poucos fatos: o fato de que existem duas metades, uma delas sendo preta, e a outra, branca, e o fato de seu tamanho respectivo. Sider chama cada expressão que descreve um fato do mundo uma expressão que "delineia suas juntas". Escolhamos as seguintes expressões:

No mundo de Sider existem duas metades

e

A metade esquerda é preta, e a metade direita é branca.

Ilustração 6 O mundo de Sider

Ambas as expressões fazem distinções ao longo das juntas do mundo de Sider. Agora, porém, podemos inventar também uma língua diagonal. Para essa língua diagonal, podemos nos orientar em predicados introduzidos na discussão pelo filósofo norte-americano Nelson Goodman[51]. Tomemos como exemplo:

Este retângulo é prenco, i.e., ele é branco e preto.

Chamo esse predicado e outros semelhantes de PREDICADOS DIAGONAIS, porque percorrem o mundo de Sider diagonalmente: Podemos recortar um retângulo diagonal do mundo de Sider, que se estende parcialmente pela metade preta e parcialmente pela metade branca (ilustração 7).

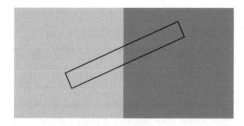

Ilustração 7

---

51 Cf. GOODMAN, N. *Tatsache, Fiktion, Voraussage*. Frankfurt am Main, 1988. Seu livro *Weisen der Welterzeugung* (Frankfurt am Main, 1984) oferece um ótimo resumo de sua filosofia.

Na língua diagonal, podemos chamar o retângulo recortado de "prenco", porque cada objeto é, *per definitionem*, "prenco", se ele for parcialmente preto e parcialmente branco. Na língua diagonal, existem os predicados "branco", "preto", mas também "prenco". Sider observa, porém, que "prenco" representa um problema. Goodman, que foi um dos representantes principais de um construtivismo nos Estados Unidos, introduziu predicados diagonais para demonstrar que todos os predicados são igualmente bons, contanto que permitam fazer afirmações verdadeiras. É evidentemente verdadeiro em relação ao retângulo diagonal que ele é "prenco" – e mesmo assim "prenco" é um predicado inapropriado. Sider insiste corretamente no fato de que existe uma diferença entre "branco" e "prenco": "branco" é uma descrição apropriada de uma estrutura do mundo de Sider; "prenco", porém, é uma projeção humana.

Isso se torna ainda mais claro se introduzirmos outro predicado diagonal, que permite fazer afirmações verdadeiras no nosso mundo, mas que é totalmente inapropriado.

X é um gato ou o Pato Donald.

Os objetos que são gatos se sobrepõem aos objetos que são um gato ou o Pato Donald. Podemos transcrever essa proposição também para a língua diagonal, de forma que obtemos:

X é um Ganald.

Acrescentemos agora a seguinte proposição:

Ou o gato bebe leite, ou o Pato Donald bebe leite.

Ela é verdadeira quando o gato bebe leite. Mesmo que o Pato Donald nunca beba leite, a proposição é verdadeira. Dessa forma, poderíamos construir proposições verdadeiras sobre o Ganald, por exemplo, a afirmação de que ele bebe leite. Mesmo assim existe uma diferença fundamental entre predicados *normais* e *diagonais*. Sider observa, por exemplo, que nem todos os objetos combinam com todos os objetos. Elétrons combinam com elétrons, mas não com gatos, razão pela qual não possuímos uma palavra para "gátrons".

Predicados como "prenco", "Ganald" ou "gátron" são totalmente arbitrários, apesar de permitirem proposições verdadeiras, pois no campo diagonal existem objetos "prencos" e seres como "gátrons", de forma que podemos fazer afirmações verdadeiras sobre eles. Disso Sider conclui que o Novo Realismo (que ele descreve de outra maneira do que eu e do qual ele tira outras conclusões) harmoniza com determinada porção do construtivismo. Só que essas construções são figurações bastante arbitrárias e malucas, mesmo que viabilizem proposições verdadeiras. No entanto, o fato de existirem construções arbitrárias e loucas não significa que tudo seja uma construção ou uma figuração louca.

Em outra passagem de seu livro, Sider introduz ainda outra diferença: É possível distinguir também entre uma língua diagonal e a subjetividade humana. Uma língua diagonal responde apenas à nossa necessidade de arbitrariedade, ela nos permite introduzir arbitrariamente predicados potencialmente verdadeiros e criar assim diversos jogos de palavras. Disso podemos diferenciar os predicados subjetivos. Um PREDICADO SUBJETIVO não é subjetivo no sentido de privado, ou seja, de certa forma apenas meu ou apenas seu predicado, mas um predicado usado por todos os sujeitos de determinada comunidade, digamos, por todos os seres humanos. Um desses predicados poderia ser:

Hoje é uma linda manhã de primavera.

Os seres humanos tendem a considerar determinadas manhãs de primavera como lindas, mesmo que eles se sintam péssimos numa linda manhã de primavera. Nosso senso de uma linda manhã de primavera pode estar vinculado à história de nosso gênero. Nesse caso, passa a ser objetivo, pois diz respeito ao ser humano em virtude de sua constituição zoológica, mas não delineia necessariamente as juntas do mundo, sendo possível que existam ainda outros seres de tipo semelhante que tenham sentimentos de primavera. Nos termos da parábola do mundo de Sider, essa proposição poderia ser representada por um círculo preto, recortado da metade direita, objetiva e não diagonalmente, mas mesmo assim não completamente adequado (ilustração 8).

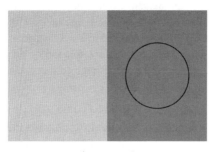

Ilustração 8

Esse círculo não divide o mundo de Sider ao longo de suas juntas, mesmo assim é mais objetivo do que os predicados diagonais. Ou seja: Existem muitos subtipos de construção, ilusão, arbitrariedade, mas também de verdade. O construtivismo comete o erro de facilitar em excesso as coisas ao postular uma única forma de manifestação e ao explicá-la então como produto de cérebros de tipos diferentes (cérebros humanos *vs.* cérebros de golfinhos) ou como produto de diferentes línguas humanas ou de fatores socioeconômicos.

O Novo Realismo, por sua vez, alega que existem verdades subjetivas, ou seja, verdades que só são acessíveis quando estiverem em jogo determinados registros que viabilizam nosso sujeito humano ou também diferentes formas de subjetividade humana ou animal. Disso, porém, não segue nem que essas formas seriam um tipo de alucinação arbitrária ou que todas elas seriam de alguma forma erradas, nem que seríamos incapazes de reconhecer as coisas ao longo de suas juntas, ou seja, as coisas em si.

Caminhos de floresta

O construtivismo causa seus estragos em quase todas as áreas do conhecimento e da ciência humana. Sempre que nos depararmos com o conceito de "imagem do mundo", devemos suspeitar que invadimos a zona de influência do construtivismo. Em seu ensaio "O tempo da imagem do mundo", Heidegger já apontou para esse fato.

A imagem do mundo, entendida de modo essencial, não significa uma imagem do mundo, mas o mundo concebido como imagem. O ente em sua totalidade agora é tomado de tal forma que ele é ente só e apenas na medida em que é posto por um homem que o representa e produz[52].

Quando concebemos o mundo como algo do qual conseguimos fazer uma imagem, já postulamos com essa metáfora que nos encontramos diante do mundo e que a imagem que fazemos do mundo deveria ser comparada ao próprio mundo. Muitas vezes, sugere-se o mesmo por meio da expressão de uma "teoria" ou de um "modelo". Uma teoria do mundo ou uma "teoria de tudo" não pode existir por muitas razões. A razão mais simples, apontada por Heidegger, é que o mundo não é objeto de uma concepção. Não olhamos para o mundo de fora, de forma que precisamos perguntar se nossa imagem do mundo é adequada. É como se quiséssemos tirar uma foto de tudo – inclusive da própria câmera. Mas isso é impossível. Pois se a câmera aparecesse na nossa fotografia, a câmera fotografada não seria completamente idêntica com a câmera que fotografa, assim como o reflexo no espelho jamais é completamente idêntico comigo mesmo. Cada imagem do mundo permanece uma imagem do mundo de dentro, de certa forma, uma imagem que o mundo faz de si mesmo.

Mas nós já sabemos que também essa expressão não faz jus ao nosso objeto. Pois o mundo, o campo geral, o campo de sentido de todos os campos de sentido, não existe e não pode existir. Por isso, o pensamento fundamental de uma imagem do mundo é absurdo. Todas as imagens do mundo são falsas, porque pretendem ser imagens de algo que não existe. E mesmo se quiséssemos dizer que as imagens do mundo oferecem uma visão geral mesmo incompleta, elas continuam sendo desequilibradas e distorcidas, porque elas jamais nos permitem fazer uma imagem do mundo, no máximo, a imagem de um recorte do mundo, o que normalmente

---

52 HEIDEGGER, M. "Die Zeit des Weltbildes". *Holzwege*. Frankfurt am Main, 1977, p. 89-90.

nos leva a generalizações apressadas na base de um fundamento desequilibrado.

O construtivismo para supor inofensivamente que nós construímos teorias ou modelos. Essas teorias são vistas como redes que deitamos sobre o mundo, para então observar quais partes do mundo ficam presas nessas redes. Mas nisso os construtivistas ignoram um pensamento muito simples, que ocupa o centro do Novo Realismo: o argumento da facticidade[53].

FACTICIDADE é a constatação de que algo existe. Essa constatação é um fato. O *argumento da facticidade* objeta ao construtivismo que este ignora o fato de que ele recorre a fatos que não são construídos. Esses fatos dizem respeito ao próprio construtivismo. Pois para que, quando falamos do construtivismo, possamos falar do construtivismo, e não de bananas ou trens, algumas coisas precisam ser verdadeiras em relação a ele: O construtivismo pretende ser uma teoria que faz determinadas afirmações, principalmente a afirmação segundo a qual todas as teorias são construídas. Nesse contexto, o construtivismo costuma alegar que qualquer conjunto de fatos existe sempre apenas em relação a algum sistema epistêmico, seja este um sistema de convicções, um registro ou determinada estrutura formal. De modo geral, o construtivismo alega:

> O conjunto de fatos F é relativo ao sistema epistêmico S.

O neuroconstrutivismo, por exemplo, alega que o mundo colorido que percebemos é relativo ao organismo humano, principalmente ao nosso cérebro. Se não existissem cérebros de determinado tipo, não seria verdadeiro que eu – mais uma vez – me encontro no trem de Århus para Copenhague, que lá fora está chovendo e que, há vinte minutos, o trem está passando por muitos pastos verdes e campos amarelos de canola. Se, durante a redação destas linhas,

---

53 Cf. BOGHOSSIAN, P. *Aus Angst vor dem Wissen* – Gegen Konstruktivismus und Relativismus. Berlin, 2013. • MEILLASSOUX, Q. *Nach der Endlichkeit* – Versuch über die Notwendigkeit der Kontingenz. Zurique/Berlim, 2008.

todos os cérebros desaparecessem do universo, a sentença teria sido errada segundo o neuroconstrutivismo – não teriam existido trens em movimento nem pastos verdes. Um CONSTRUTIVISMO HERMENÊUTICO, i.e., um construtivismo que se ocupa com a interpretação de textos, poderia alegar que *Fausto* não possui significado independente de seus leitores. As bruxas no *Fausto* seriam então apenas um fato relativo a determinada interpretação.

Agora podemos fazer a simples pergunta se um construtivismo universal pode existir, ou seja, um construtivismo que alega que *todos* os fatos existem apenas em relação ao sistema epistêmico. E realmente existem pessoas que alegam de modo indiferenciado que *tudo* é relativo ou outras que acreditam que nós só podemos ter uma imagem, modelos ou teorias do mundo. É claro que nesse caso todos os fatos que dizem respeito ao construtivismo também seriam relativos a um sistema, ao próprio construtivismo. Mas isso resultaria nesta situação muito complicada de um fato infinito:

$$\{[(F \text{ é relativo a } S) \text{ é relativo a } S] \text{ é relativo a } S\} \text{ é relativo a } S...$$

Nesse modelo, não pode existir qualquer coisa à qual tudo é relativo. Tudo é relativo, mas não é o caso que esse todo relativo é relativo a um último. A sequência infinita do relativo fica, por assim dizer, suspensa no vácuo. Mas o construtivismo relativo pretende ser a tese segundo a qual tudo é relativo. Mas se disso seguir que não existe nada ao qual tudo é relativo, resulta um único fato infinitamente encaixado. Mas mesmo então a existência de um fato infinitamente encaixado também seria apenas um fato! Existiria um encaixamento infinito de encaixamentos infinitos. Normalmente, o construtivismo evita levar sua teoria a esse extremo.

Em uma palavra: O fato de que tudo é construído exige, em algum momento, um fato não construído. Se ele mesmo fosse construído, a afirmação universal segundo a qual *tudo* é relativo não poderia ser comprovada, pois não existiria uma totalidade de sistemas referenciais, não existiria um "tudo" sobre o qual pudéssemos afirmar que ele é relativo a alguma coisa.

A descoberta de que o construtivismo é falso por todas as razões citadas é a descoberta de uma coisa em si, de um fato em si. Quando refletimos filosoficamente sobre fatos e assim obtemos resultados positivos, nós reconhecemos fatos tão objetivos quanto a diferença entre gatos e colchões ou entre proteínas e fótons.

O argumento da facticidade nos leva, portanto, a um *realismo da razão*, segundo o qual a própria razão humana apresenta uma estrutura de fatos que podemos analisar cientificamente. Por isso, o "mundo externo" ou o "universo" deixam de ser campos de fatos privilegiados. Em palavras bem simples: Quando penso o pensamento verdadeiro segundo o qual está chovendo, existem dois fatos: o fato de que está chovendo, e o fato de que eu estou tendo o pensamento verdadeiro segundo o qual está chovendo. Os fatos existem, portanto, não só do "lado do mundo", como a imagem científica do mundo tende a acreditar, mas também do lado daquele que interage com os fatos deste "lado do mundo". Mesmo se não existisse um único objeto material, existiriam fatos – o fato, por exemplo, de que não existe um único objeto material.

Por isso, o argumento da facticidade chega à conclusão de que não podemos negar a facticidade. Sempre estão em jogo fatos não construídos. Nossa tarefa consiste em reconhecer esses fatos. Falando nisso: No dia a dia costumamos proceder na base de um realismo da razão. Para ilustrar isso, imagine uma situação bem comum. Está na hora do almoço, e nós nos perguntamos o que iremos comer no restaurante da empresa. Para responder a essa pergunta, ponderamos várias possibilidades e fazemos o seguinte raciocínio: Visto que já comi peixe ontem à noite e visto que o peixe do restaurante costuma ser um peixe frito pouco saudável, eu deveria optar pelo bufê de saladas, pois a linguiça também não é recomendável. Então, encho meu prato com diversas saladas, escolhendo algo daquilo que o bufê oferece. Por acaso, encontro no bufê as colegas tal e tal do departamento tal, recebo uma ligação no meu celular e já penso no fim do expediente. Tudo isso são fatos no campo de sentido "hora do almoço", e cada conhecimento adquirido neste campo de sentido é um conhecimento de coisas ou fatos em si. Ninguém acredita seriamente numa situação desse tipo que as partículas elementares são mais objetivas ou mais reais do que os pensamentos que passam pela nossa cabeça ou do que as cores do bufê de saladas. O favorecimento de determinados fatos em nome do realismo é, portanto, injustificado e equivocado. Por isso, o Novo Realismo insiste numa análise livre de preconceitos daquilo que existe. Não deveríamos permitir que uma imagem do mundo da Antiguidade ou do início da Idade Moderna nos obrigue a ver como "real" ou "existente" aquilo que supostas autoridades como a "religião" ou a "ciência" aprovaram. Muita coisa que não pode ser analisada pelas ciências naturais é verdadeira. Além disso, existem nas próprias ciências naturais muitos predicados diagonais mais ou menos fantasiosos que estão sendo destruídos pelo progresso científico. Sigmund Freud expressa isso em seu livro tão profundo quanto divertido *Der Witz und seine Beziehung zum Unbewussten* (O chiste e sua relação com o inconsciente) com uma piada, que ele atribui a Christoph Lichtenberg. Em uma passagem famosa, Hamlet diz: "Existem mais coisas no céu e na terra, que a tua sabedoria acadêmica jamais sonhou" – uma crítica clássica à imagem científica do mundo. Mas a isso precisaríamos ainda acrescentar: "Mas existem também muitas coisas na sabedoria acadêmica que não se encontram no céu nem na terra"[54].

Ciência e arte

A imagem científica do mundo pressupõe uma imagem específica do homem. Segundo essa imagem do homem, o cientista idealizado é um ser perfeitamente racional. A produção de conhecimento seria, no caso ideal, mais ou menos assim: O cientista se vê diante de um fenômeno desconhecido, por exemplo, uma doença, e formula uma hipótese. Em seguida, ele justifica ou refuta essa hipótese por meio de um processo metodicamente contro-

---

54 Cf. FREUD, S. *Der Witz und seine Beziehung zum Unbewussten*. Frankfurt am Main, 2010, p. 87.

lado, que permite a repetição de cada passo por outros cientistas. Pai desse método é Descartes, que sugeriu questionar tudo em nossa vida para então, a partir daí, estabelecer novos fundamentos de conhecimento justificados de forma puramente racional. Depois, deveríamos construir uma imagem do mundo por meio de um processo científico idealizado de formação de hipóteses perfeitamente neutras.

Se abordarmos a ciência e a racionalidade humana dessa forma, cada uma de nossas convicções se apresenta como hipótese que precisa ser analisada cientificamente. No entanto, a maioria das nossas convicções não é desse tipo. Quando temos um encontro e estamos convencidos de que a outra pessoa está se apaixonando por nós, não formulamos uma hipótese científica, tampouco analisamos metodicamente se este é o caso ou não (bem, talvez sim, mas garanto que apenas uma única vez). O mesmo vale para decisões e convicções políticas e estéticas. No entanto, isso não impede as gerações atuais de pesquisadores de tentar exatamente isso.

Nesse sentido, pesquisam hoje em dia até processos neuronais durante a interpretação de obras de arte, para assim determinar a constituição de uma boa obra de arte. Alguns pesquisadores acreditam que o sentido de uma obra de arte seria a nossa percepção de sua beleza – e que consideramos uma obra de arte bela porque ela provoca determinados estímulos nervosos no espectador ou ouvinte. Destarte poderíamos analisar determinados padrões de cores ou padrões de movimentos no filme em relação à sua interação com nosso sistema nervoso. Isso pode muito bem ser útil para algum propósito qualquer, no entanto, pouco contribui para a compreensão de obras de arte. No máximo, o fato de o período azul de Picasso nos agradar, o fato de ele provocar uma reação em nosso corpo, o fato de ele gerar uma sensação agradável em nós exerce uma função secundária. (Falando nisso: Todos esses aspectos são solapados pela estética do feio, do deformado, do assombroso e do terrível da arte moderna.) Para entender Picasso, o contemplador precisa de uma combinação de conhecimentos da história da arte, de imaginação criativa e de uma abertura para novas interpretações. Em termos gerais, podemos postular a tese segundo a qual a arte moderna se contrapõe à imagem científica do mundo sempre que a oportunidade se oferece. Quase todos os movimentos estéticos e quase todos os artistas negam com a sua obra a posição segundo a qual a arte pode ser reduzida a processos científico-naturais. Vejamos, por exemplo, um dos *action paintings* de Jackson Pollock, o *Number 8*, de 1949.

À primeira vista, poderíamos acreditar que se trata apenas de manchas de tinta sobre um pano de fundo colorido. Visto assim, todas as obras de Pollock dessa fase seriam iguais; poderíamos ter apenas uma opinião subjetiva sobre a pintura que mais nos agrada. As causas disso poderiam ser pesquisadas pela neurociência. Mas quem interpretar Pollock dessa forma não entende com o que ele está sendo confrontado. Pois as obras são dinâmicas e podem ser interpretado de várias formas complexas, múltiplas e diferentes. Para entender um *action painting* (e não apenas achá-lo bonito), podemos seguir determinada cor e, de certa forma, lê-la da esquerda para a direita. Podemos, por exemplo, concentrar-nos na cor preta e seguir seus traços. Quando fazemos isso, a impressão geral começa a tremeluzir, e as manchas pretas e linhas aleatórias se tornam significativas, elas se movimentam. Agora, podemos seguir a tinta verde – ou destacar o próprio pano de fundo, e ler a imagem no sentido contrário. É exatamente assim que procedemos também quando contemplamos uma imagem figurativa clássica, pois cada pintura consiste de cores sobre uma tela, ordenadas de tal forma a compor um campo de sentido.

De certo modo, Pollock produziu uma metapintura que nos mostra como procedemos quando lemos uma obra de arte: Seguimos os contornos de suas cores e nos movimentamos entre diversos níveis, ponderamos interpretações alternativas, recorrendo a conhecimentos da história da arte e a ideias espontâneas, que podemos discutir e debater com outros. Esse processo de interpretação não é, de forma alguma, arbitrário, mas ele é livre. A liberdade da interpretação de obras de arte consiste no fato de que compreendemos algo e experimentamos ao mesmo tempo como o compreendemos[55].

A compreensão de uma decisão pessoal ou também política ou de uma obra de arte não pode ser descrita de forma puramente biológica ou matemática, tampouco é completamente arbitrária ou uma simples questão de gosto. A imagem científica sugere equivocadamente que o sentido da existência humana pode ser ignorado, pois alega que existe uma estrutura privilegiada de fatos essencialmente idêntica ao universo, ao campo de objetos das ciências naturais. E, de fato, o universo não pergunta pelo sentido – mas os seres humanos e aquilo que por eles é feito, sim.

No início do século XIX, os idealistas alemães chamaram o sentido cujo sentido é ser compreendido de ESPÍRITO – daí o nome das ciências do espírito. O espírito não é apenas algo mental ou subjetivo, ele designa a dimensão de sentido da compreensão humana. As ciências do espírito analisam essa dimensão, e, recusando-nos a descartar apressadamente o espírito, como o faz o construtivismo pós-moderno, precisamos reabilitar o espírito. Só porque alguns filósofos franceses do século passado, cujo maior representante foi Jacques Derrida, acreditavam que a palavra "espírito" representava uma categoria política suspeita e um totalitarismo oculto, não podemos permitir que isso nos impeça de querer entender Pollock, Homero ou um episódio de *Seinfeld*[56]. Existem diferentes campos de sentido, que podem ser acessados e interpretados de formas diferentes. Disso não segue uma arbitrariedade. A romanística é tão objetiva e capaz de formular proposições verdadeiras quanto a física ou a neurociência, e, em relação a estas, a romanística tem ainda a vantagem que ela nos ajuda a compreender melhor Marcel Proust

---

55 Para uma compreensão melhor e um aprofundamento dessa tese, que provém da hermenêutica filosófica, da Teoria da Compreensão, cf. a introdução de BERTRAM, G. *Kunst – Eine philosophische Einführung*. Stuttgart, 2005. Para uma hermenêutica mais geral da arte, cf. tb. FIGAL, G. *Erscheinungsdinge – Ästhetik der Phänomenologie*. Tübingen, 2010.

56 Cf. DERRIDA, J. *Vom Geist – Heidegger und die Frage*. Frankfurt am Main, 1992.

ou Ítalo Calvino. Um romance também possui juntas que estruturam seu campo de sentido, e também na interpretação de um romance podemos ser enganados por predicados diagonais.

A imagem científica do mundo se apoia numa percepção distorcida da racionalidade. Ela alega que, em todos os nossos esforços de compreensão, nós dependemos da formação de hipóteses e de sua demonstração ou refutação experimental. Procedimentos desse tipo são sensatos e adequados em algumas áreas, mas não em todas. Eles nos ajudam a entender o universo. No entanto, o ser humano e sua compreensão de sentido não ocorrem no universo, nós só conseguimos entendê-los se nos aproximarmos do espírito ou do sentido por meio da interpretação – com os recursos totalmente ordinários da comunicação. Foi exatamente para este ponto que o filósofo e famoso hermenêutico Hans-Georg Gadamer chamou a nossa atenção quando escreveu: "Ser que pode ser entendido é língua"[57]. Essa famosa declaração se encontra na obra principal de Gadamer *Wahrheit und Methode* (*Verdade e método*), onde ele demonstra que a interpretação de obras de arte e a compreensão geral do mundo humano são completamente diferentes da nossa compreensão da natureza. A busca humana pela verdade não depende de qualquer método, o que, porém, não significa que ela seja arbitrária ou completamente anárquica.

Não compreendemos nossos próximos por meio da aplicação de métodos generalizados. A forma como entendemos nosso próximo já é expressão da nossa personalidade, e a nossa personalidade de forma alguma é apenas a soma de nossos hábitos de comer, beber e procriar. A personalidade é antes algo como uma obra de arte, razão pela qual a pintura moderna ou o teatro moderno há muito alegam que todos nós somos os pintores ou atores de nós mesmos. O ser humano é criatividade vivida. Criatividade, imaginação e originalidade são indícios de personalidade, e não há como bani-las das ciências do espírito e das ciências naturais.

---

57 GADAMER, H.-G. "Wahrheit und Methode – Grundzüge einer philosophischen Hermeneutik". *Gesammelte Werke*. Vol. 1. Tübingen, 1986, p. 478.

Werner Heisenberg, um dos maiores cientistas mais originais de todos os tempos, escreveu certa vez:

> O espírito do tempo é, provavelmente, um fato tão objetivo quanto qualquer fato da ciência natural, e esse espírito revela alguns traços do mundo que são independentes do tempo e que, nesse sentido, podem ser chamados de eternos. Em sua obra, o artista tenta tornar compreensíveis esses traços, e essa tentativa o leva às formas do estilo no qual trabalha. Por isso, os dois processos da ciência e da arte não são tão diferentes. Ciência e arte formam no decorrer dos séculos uma língua humana, na qual podemos falar sobre as partes mais distantes da realidade. Os sistemas conceituais são, tanto quanto os diversos estilos de arte, de certa forma apenas palavras ou grupos de palavras diferentes nesta língua[58].

O fracasso da imagem científica do mundo não se deve, portanto, à ciência, mas à concepção não científica que deifica a ciência e a aproxima de uma concepção igualmente equivocada da religião. As ciências não explicam o mundo, mas explicam apenas o que conseguem explicar, seja isso uma molécula, um eclipse solar, uma parágrafo num romance ou uma falácia num argumento lógico. A descoberta de que o mundo não existe nos ajuda a nos reaproximar da realidade e a reconhecer que nós somos seres humanos. E seres humanos se movimentam no espírito. Se ignorarmos o espírito e contemplarmos apenas o universo, qualquer sentido humano desaparece naturalmente. Isso, porém, não é culpa do universo, mas culpa nossa. O niilismo moderno se apoia num equívoco não científico, ou seja, no equívoco de confundir as coisas em si com as coisas no universo e de considerar todo o resto uma alucinação induzida por processos bioquímicos. Não deveríamos aceitar essa ilusão.

---

58 HEISENBERG, W. "Die Beziehungen der Quantentheorie zu anderen Gebieten der modernen Naturwissenschaft". *Physik und Philosophie*. Stuttgart: S. Hirzel Verlag, 2011, p. 135-157, aqui p. 157.

V
O sentido da religião

A filosofia se ocupa de modo científico com a pergunta: Qual é o sentido de tudo isso? Essa pergunta está intimamente vinculada à pergunta sobre o sentido da vida humana. A nossa vida tem um sentido além daquele que nós mesmos lhe atribuímos? O sentido que atribuímos à vida seria apenas uma projeção humana, demasiadamente humana, uma ilusão que criamos para suportar a morte, a miséria e experiências de dor totalmente vãs, às quais nos vemos expostos tantas vezes?

A filosofia tem a tarefa de se ocupar com essa pergunta, com a pergunta sobre o sentido da vida humana. No entanto, ela não pode partir do pressuposto segundo o qual nós nos encontramos num universo material despido de qualquer sentido, no qual nós nada mais seríamos do que inteligentes máquinas de carne ou, no melhor dos casos, macacos assassinos com ilusões religiosas e metafísicas. Por isso, não podemos responder diretamente à pergunta sobre o sentido da vida – que, evidentemente, está intimamente vinculada ao sentido da religião. Precisamos primeiro analisar a precondição na qual se baseia o niilismo moderno, segundo o qual qualquer sentido humano é apenas uma ilusão e que pretende nos convencer de que nada mais somos do que forasteiros num universo frio, que se estende pelas profundezas desertas e infinitamente obtusas do espaço.

Quando nos perguntamos qual o sentido de tudo isso, assumimos primeiro uma distância máxima e tentamos contemplar de cima ou de fora o universo, o mundo, a realidade. Muitos filósofos detectaram nessa perspectiva de pássaro um "ponto de vista de Deus", o que já introduz a religião ao jogo, pois contemplar a criação dessa forma aparenta ser um privilégio de Deus. Evidentemente, esse ponto de vista é uma ilusão. Os conceitos totais "o universo", "o mundo", "a realidade" não remetem a qualquer objeto, eles apenas nos fazem crer em algo que não existe. É um pouco como os números naturais: Imaginemos que começamos a procurar pelo maior número natural. Em algum momento, perceberíamos durante essa busca que não pode existir o maior número natural, pois podemos sempre acrescentar um número ainda maior, simplesmente adindo 1. Algo semelhante vale para os conceitos metafísicos totais: Sempre que acreditamos ter encontrado o maior, deparamo-nos com um campo de sentido ainda mais abrangente.

Ao entretermos esse pensamento, fazemos a experiência de uma criatividade radical, em última análise totalmente suspensa e livre, e a princípio ilimitada. Sempre existe mais do que imaginamos, os campos de sentido se estendem em cada direção imaginável de forma infinitamente sobreposta, complexa e emaranhada, sem que pudéssemos identificar de antemão as regras pelas quais essa extensão ocorre. Se existisse uma regra que determinasse quais os campos de sentido que se manifestarão em seguida de determinada forma, o mundo existiria. O mundo, o todo, seria então uma regra à qual tudo estaria subordinado. Mas essa regra não existe e não pode existir, da mesma forma como não pode existir o maior número natural.

No último capítulo, nós vimos que a imagem científica do mundo falha. Trata-se de uma ilusão gigantesca, que nos promete segurança ao, paradoxalmente, expulsar qualquer sentido do mundo. Muitas vezes, essa crise de sentido é associada ao "desencantamento do mundo", como o batizou o grande sociólogo Max Weber. Em sua famosa palestra "Ciência como profissão" (*Wissenschaft als Beruf*), realizada em 1917 em Munique, Weber descreve o progresso científico moderno como "racionalização intelectualista por meio da ciência e da técnica orientada pela ciência"[59]. Isso significa, segundo Weber, que confiamos cada vez mais em processos realizados com divisão de trabalho, mas que nenhum

---

59 WEBER, M. *Wissenschaft als Beruf*. Stuttgart, 2006, p. 18.

indivíduo consegue entender como um todo. A realidade da vida moderna se tornou muito mais complexa do que ainda no início da Idade Moderna, entrementes ninguém consegue entendê-la, ela se tornou totalmente intransparente. Mesmo assim, alegamos que ela é racional, que os fundamentos da nossa ordem social são garantidos por procedimentos científicos, que, a princípio, podem ser aprendidos e compreendidos por qualquer um. Tudo se encontra em perfeita ordem, e você poderia descobrir isso se tivesse tempo e vontade para isso. Temos a impressão de que toda a sociedade se encontra nas mãos de especialistas: especialistas em administração, especialistas em economia ou especialistas em direito. E é exatamente essa suposição (no fundo ilusória ou ideológica) que Weber chama de "desencantamento do mundo":

> A intelectualização e racionalização crescente significa, portanto, *não* um conhecimento geral crescente das condições de vida, sob as quais nos encontramos. Significa, porém, outra coisa: o conhecimento disto ou a fé nisto: que, se *apenas quiséssemos*, poderíamos descobri-lo sempre, ou seja, que não existem poderes misteriosos e imprevisíveis, que – a princípio – podemos *dominar todas as coisas por meio do cálculo*. Isso porém significa: o desencantamento do mundo[60].

Weber defende aqui o contrário daquilo que, normalmente, é atribuído a ele. Ele *não* afirma que a Modernidade é um mundo totalmente transparente e, por isso, um mundo desencantado, mas que o desencantamento é um processo social, que pode ser investigado sociologicamente para assim torná-lo transparente. O desencantamento não consiste na descoberta de que o universo é apenas um "pátria fria", para citar mais uma vez a formulação de Hogrebe. O desencantamento é um processo social, que aparentemente nos autoriza a supor que a ordem social é racional, já que tudo – e não só os processos observados pela ciência natural – poderia ser dominado.

---

60 Ibid.

Precisamos distinguir disso a *secularização*, que hoje costuma designar o processo de substituir a religião por explicações científicas, ou seja, puramente mundanas. Ironicamente, Weber chama o desencantamento de "o destino do nosso tempo"[61], o que já nos revela sua intenção. O que ele pretende demonstrar é que a racionalização não é um fato que se realizou na Modernidade e ainda se realiza, mas que o desencantamento é uma autodescrição dos cidadãos das sociedades modernas que não entendem mais a sua própria sociedade. O desencantamento acontece quando atribuímos à ordem social uma suposta racionalidade que lhe seria subjacente – independentemente de esta existir ou não. Por isso, Weber escreve, novamente com bastante ironia, na passagem citada: "o conhecimento disto ou a fé nisto". Em última análise, ele considera um equívoco a autodescrição dos cidadãos modernos. Pois Weber é sociólogo, e a sociologia analisa processos objetivos, que ocorrem independentemente da nossa vontade, e nisso ela não se distingue das ciências naturais. A diferença é que os processos sociais não ocorrem sem o ser humano – seus atos e suas percepções –, enquanto a Terra continuaria a girar ao redor do Sol também sem a presença do ser humano.

Subjaz ao desencantamento um processo que nós não reconhecemos se simplesmente "acreditarmos" na racionalidade. Esse processo é, em última análise, o processo da diferenciação da sociedade em subsistemas, um processo que ninguém consegue mais entender. Niklas Luhmann tentou reconstruir esse processo com sua Teoria de Sistemas. Ele insistiu repetidamente que a suposta racionalização, o desencantamento, seria uma herança da "Europa antiga", como ele a chama – também com ironia sociológica. Ele chama essa herança da Europa antiga de *"continuum* de racionalidade", referindo se com isso à suposição segundo a qual existiria uma forma singular de racionalidade, que abarca o mundo como um todo e que coincidiria com o princípio de ordem do mundo. Do ponto de vista ontológico, essa su-

---

61 Ibid., p. 44.

posição é completamente insustentável, como já demonstramos; ela é realmente um fardo da história do qual nós precisamos nos livrar, pois representa um equívoco.

Evidentemente, Weber e Luhmann não são os únicos que perceberam a existência de uma crença moderna no progresso, que chega a atribuir poderes mágicos à ciência. Essa postura é uma versão moderna do fetichismo. FETICHISMO designa a projeção de poderes sobrenaturais sobre um objeto feito pelo humano. Essa projeção é feita para integrar a própria identidade a um todo racional. Quando alguém se vê como parte de um todo que ele consegue entender de alguma forma, ele se sente mais seguro. Torna-se mais fácil conviver com o pensamento de que todas as coisas já estão organizadas do que com o pensamento de que nós, por meio da cooperação social, precisamos garantir que as coisas não desabem. O todo no qual nós nos inserimos é, na maioria das vezes, a própria sociedade, cuja diferenciação não entendemos. O fetichismo projeta essa estrutura sobre um objeto. Assim, distanciamos em certa medida a responsabilidade individual pela nossa identidade e a nossa inserção num ambiente social, que jamais conseguimos controlar por completo.

Fetichismo provém da palavra em português *feitiço*, que contém a palavra latina *"facere"*, fazer. Um "fetiche" é um objeto que uma pessoa produz de tal forma a permitir que ela se convença ao mesmo tempo de que ela não o produziu. Mas em que sentido podemos dizer que "a imagem científica do mundo" seria uma forma de fetichismo? E o que isso significa para a religião?

O psicanalista francês Jacques Lacan introduziu a fórmula certeira segundo a qual o ser humano sempre está à procura de um "sujeito ""que supostamente sabe". Ele o chama de "sujet *supposé savoir*" e assim descreve um fenômeno absolutamente ordinário.

Imaginemos uma situação familiar: Estamos sentados em nossa bicicleta num sinal para pedestres. Do outro lado da rua estão alguns pedestres. Nós supomos que, assim que o semáforo mudar de vermelho para verde, nossas ações serão coordenadas. Pois os outros também conhecem as regras e eles tentarão nos dar o espaço necessário para atravessarmos a rua. Essa suposição é uma precondição para o funcionamento do trânsito. Ficaríamos totalmente paralisados se tivessem que esperar de cada utente das vias públicas uma interpretação completamente aleatória das regras que coordenam nossas ações. Todos nós obedecemos a muitas leis implícitas, cujo espaço de validade é implicitamente renegociado o tempo todo. Um exemplo é a regra segundo a qual o ciclista precisa ter certo cuidado em relação aos pedestres, pois o ciclista possui um veículo de metal mais poderoso e mais perigoso, capaz de machucar um pedestre. Disso muitos pedestres deduzem que eles têm todo direito de transformar a vida do ciclista em inferno, pois se encontram na situação do mais fraco. Os ciclistas fazem esse mesmo jogo com os automobilistas; os automobilistas, com os motoristas de caminhão, de forma que o trânsito se parece mais com um debate contínuo, que, como sabemos, muitas vezes realmente resulta numa briga braçal em situações de um dia a dia estressado.

Outro exemplo instrutivo é a fila no caixa do supermercado. Em determinados supermercados pagamos preços mais altos em parte porque as filas são mais curtas e a espera é mais relaxante. Na fila, atribuímos aos nossos próximos, ao supermercado e à funcionária no caixa um mínimo de racionalidade e ordem, que, no dia a dia, se vê constantemente ameaçada. De certa forma, pagamos uma taxa de proteção ao supermercado. A ordem social sempre exige a suposição de um sujeito que mantém e preserva essa ordem. Esse sujeito assume muitas formas: leis oficiais, a polícia, o Estado, a chefe, o gerente do supermercado, o controlador de tráfego aéreo e também o cientista. A pressuposição de um sujeito de conhecimento anônimo que garanta a ordem é uma forma de fetichismo da qual nunca conseguimos nos livrar completamente. Usando as palavras de Lacan, podemos chamar isso também de fé no "grande outro", no "*Big Brother*".

Com sua tese do "desencantamento do mundo", Weber chama atenção para o fato de termos colocado a ciência na posição de ter que garantir a racionalidade da ordem social. Mas isso significa esperar demais dela. Pois nenhuma pesquisa científica jamais conseguirá nos livrar da necessidade de negociar sempre de novo as regras do nosso convívio, para assim apoiá-las em um fundamento sensato. Transformar a ciência em fetiche só nos leva a projetar nossos desejos e vontades em relação à ordem sobre um conselho de especialistas que não existe, que não pode existir, sobre um conselho de especialistas que decidiria em nosso lugar como devemos viver.

Fetichismo

Diante desse pano de fundo podemos agora distinguir duas formas de religião, sendo que a primeira forma de religião abarca também a imagem científica do mundo. A primeira forma de religião é o fetichismo, que gera concepções de um princípio universal que tudo abrange e que tudo domina e ordena. A segunda forma de religião, porém, é expressão de nosso senso e gosto pelo infinito, como definiu o conceito de religião o teólogo-filósofo romântico Friedrich Schleiermacher em *Über die Religion* (Sobre a religião)[62].

Schleiermacher parte do pressuposto segundo o qual o objeto da religião é "o universo e a relação do ser humano a ele"[63], sendo que, para ele, o "universo" representa o infinito, no qual nós nos encontramos. Segundo Schleiermacher, porém, não só o universo é infinito, mas também as nossas posturas em relação a ele. Não existe apenas uma única concepção do infinito, uma única religião verdadeira no sentido da ideia de que as religiões seriam determinados sistemas de convicção. Existe, antes, infinitas concepções.

> Pois cada concepção do infinito subsiste por si só, não depende de qualquer outra e também não exige outra necessariamente como sua consequência; pois existem delas um número infinito, e nelas mesmas

---

62 SCHLEIERMACHER, F. *Über die Religion* – Reden an die Gebildeten unter ihren Verächtern (1799). Berlim/Nova York, 2001, p. 80.

63 Ibid., p. 75.

não há qualquer razão para serem referidas desta ou daquela forma às outras. Mesmo assim, cada uma se apresenta como totalmente diferente quando é contemplada de outro ponto de vista ou quando é referida a outra. Por isso, toda a religião não pode existir de outra forma senão quando todas as diferentes vistas de cada concepção, que assim podem surgir, realmente são dadas; e isso só é possível num conjunto infinito de formas diferentes [...][64].

Ao contrário de um preconceito muito comum, segundo o qual todas as religiões são acompanhadas por uma imagem dogmática e unilateral do mundo, intolerante em relação a quaisquer alternativas, Schleiermacher compreende a religião na base de sua orientação por um infinito simplesmente indisponível e inalcançável como "predisposição para a multiplicidade ilimitada no juízo e na contemplação"[65]. Em seu segundo discurso, ele chega até a designar a religião como "ateísmo"[66], pois nem todas as religiões são teístas ou até mesmo monoteístas: "Deus não é tudo na religião, mas um, e o universo é mais"[67]. Uma declaração incrível que, na época, só passou pelas autoridades de censura da Prússia por um acaso (o censor responsável estava doente). Schleiermacher não sugere aqui necessariamente um ateísmo. Mas ele chama atenção para o fato de que o sentido da religião não pode ser reduzido a determinadas religiões como a tradição judaico-cristã do monoteísmo, por exemplo, pois também o hinduísmo e o budismo são equivalentes em termos religiosos. Schleiermacher desenvolve o sentido da religião a partir de uma postura de abertura máxima. Pois é justamente essa postura, segundo a qual outros com outras opiniões também podem estar certos, segundo a qual existem pontos de vista individuais valiosos, que merecem ser protegidos, é uma das grandes conquistas da história da religião.

---

64 Ibid., p. 167.

65 Ibid., p. 85.

66 Ibid., p. 113.

67 Ibid., p. 115.

O fato de as religiões terem causado muita violência e morte ao longo da história deve ser atribuído mais à primeira do que à segunda forma. Nenhuma religião, porém, é completamente livre de fetichismo – nem mesmo o ateísmo. A adoração do universo puramente material e despido de qualquer sentido também é de caráter religioso. Schleiermacher reconheceu isso. Ele define o "naturalismo" explicitamente como "a concepção do universo em sua pluralidade elementar sem a noção de consciência e vontade pessoal dos elementos individuais"[68], o que corresponde essencialmente àquela imagem científica do mundo que alega ser completamente deste mundo. A imagem científica do mundo é, porém, apenas uma religião entre outras – mais uma tentativa de conferir sentido a toda essa história.

Mesmo em lugares onde a preocupação é permitir que diferentes identidades religiosas convivam sem maiores conflitos numa sociedade extremamente diversificada, como, por exemplo, nos Estados Unidos ou no Brasil, os estados não são totalmente seculares, ou seja, livres de religião. Encontramos uma ilustração profunda disso no filme *Bigger Than Life*, de Nicholas Ray. Certo dia, Ed Avery, um professor norte-americano que, já na época, em 1956, não ganha o suficiente para sustentar sua família e por isso trabalha também num *call center*, sofre um colapso. Os médicos descobrem que ele tem uma doença arterial muito rara, que só pode ser tratada com cortisona. Ed ingere uma quantidade excessiva de cortisona, sem a qual ele não consegue sobreviver, provocando assim uma psicose. Essa psicose se transforma em megalomania, Ed se torna *bigger than life*, maior do que a vida. Uma fotografia inteligente ressalta isso. Ele se perde em sua loucura religiosa e acredita ter que sacrificar seu filho como Abraão o fez com seu filho Isaac. Sua esposa desesperada tenta lembrá-lo de que, na época, Deus impediu Abraão no último momento de executar seu filho, mas Ed insiste que Deus se enganou e realmente tenta matar seu filho, mas seu próprio estado de alucinação o impede no últi-

---

68 Ibid., p. 171.

mo momento. Quando acorda após sua crise, ele vê o médico Dr. Norton, que, ainda dominado por sua alucinação, ele identifica com Abraham Lincoln. Ed substitui Abraão, o patriarca bíblico, por Abraham Lincoln, que então ele identifica com o médico. É interessante observar que Ray usa isso para remeter a um subtexto da cultura política norte-americana: Abraão é fundador de uma religião e um dos pais fundadores dos Estados Unidos – que não trata seu filho, o povo americano, de forma muito boa, fato que se evidencia no pagamento ruim do professor. (Atualmente, esse tema ocupa também o centro da série de TV brilhante *Breaking Bad*, na qual um professor de Química, genial, mal pago e com câncer de pulmão, passa a produzir drogas para pagar as contas de seu tratamento e para garantir uma segurança financeira caso venha a falecer.)

Segundo o diagnóstico de Ray, a sociedade norte-americana identifica autoridades psicóticas religiosas, científicas e políticas umas com as outras. Como muitos diretores do chamado *Film Noir*, mas também de filmes de faroeste como John Huston, ele aponta para os mecanismos de opressão da sociedade norte-americana e para a ausência de uma instância terapêutica. (Huston chegou até a fazer um filme chamado *Freud*, cujo roteiro original foi escrito pelo filósofo Jean-Paul Sartre, mas que, no fim, não veio a ser usado.) As sociedades possuem, por assim dizer, personalidades em que determinados padrões de conduta e interpretação geram situações psicologicamente delicadas e as respectivas doenças. Não é por acaso que a organização atual da nossa sociedade favorece primariamente a depressão, a forma mais comum da doença psicológica. O convívio social com a religião não pode, por isso, ser reduzido a uma definição da religião como superstição. É um equívoco dos críticos da religião quando afirmam que a religião só se preocupa com a existência de Deus

Se levarmos em conta o fetichismo da imagem científica do mundo, não surpreende que esta se vê em concorrência com a religião. Pois no fundo a imagem científica do mundo também se apresenta como religião. Pois a religião no primeiro sentido acima descrito é justamente não a suposição da existência de um Deus ou de deuses que tudo controlam, mas a existência de *qualquer coisa* que controla tudo, seja isso o Deus da Bíblia, os deuses do hinduísmo ou a fórmula universal da física, da qual todas as leis naturais podem ser deduzidas. O fetichismo não consiste na adoração de um objeto em especial, mas na adoração de qualquer *objeto*, sem permitir que se questione por que justamente esse objeto merece tanta adoração. O fetichismo identifica um objeto como origem de tudo e procura desenvolver a partir desse objeto os padrões de identidade que devem ser seguidos por todos os seres humanos. Se adoramos a Deus ou ao *Big-Bang* é importante apenas na superfície. O problema verdadeiro é a adoração de uma origem supostamente universal – não importa qual seja.

Chama atenção que a religião no primeiro sentido costuma ocorrer em conexão com uma teoria equivocada bastante global. Muitas das clássicas doutrinas de salvação afirmam que toda a realidade que se apresenta a nós, todo o mundo colorido que nos cerca, no qual vivemos e que nós interpretamos, nada mais é do que uma ilusão. Nossa tarefa seria, portanto, reconhecer a verdade que se esconde por trás do véu da ilusão. Esse gesto é característico também da imagem científica do mundo. As cores, até mesmo todos os objetos que conseguimos ver, tocar e ouvir, nada mais seriam do que ilusões, por trás das quais se esconderia a natureza verdadeira das coisas. Apenas o sacerdote ou o especialista científico teria acesso a essa natureza. Antigamente, ele falava latim, hoje ele fala matemática.

Nesse contexto, Nietzsche diz que o fetichismo (expressão que ele não emprega) postula um "além-mundo". Assim, introduz numa passagem bem-humorada de *Assim falou Zaratustra* os "crentes em além-mundos", que inventam "além-mundos", para esquecer seu próprio estado como seres sofridos e mortais

> Para quem sofre é uma alegria inebriante esquecer o seu sofrimento. Alegria inebriante e esquecimento de si mesmo me pareceu um dia o mundo. [...] Da mesma maneira projetei eu também a minha

> ilusão mais para além da vida dos homens à semelhança de todos os crentes em além-mundos. Além dos homens, realmente?
> Ai, irmãos, este deus que eu criei, era obra humana e delírio humano, como todos os deuses.
> Era homem, tão somente um fragmento de homem e eu: esse fantasma saiu das minhas próprias cinzas e da minha própria brasa, e nunca veio realmente do outro mundo![69]

Nietzsche vai um pouco longe demais ao supor que o ser humano só vê o mundo humano e ao considerar uma ilusão tudo o que vai além dele. Infelizmente, Nietzsche deixou se enganar pelo construtivismo.

Sua crítica ao fetichismo, porém, é certeira. A introdução de um além-mundo costuma vir acompanhada de um suposto conhecimento da estrutura desse além-mundo, seja o reconhecimento de que o mundo ou nossa vida nada mais é do que um sonho criado por Deus ou pelos deuses, seja o reconhecimento que o mundo interpretado, no qual vivemos, nada mais é do que uma manifestação complexa de corpos ou ondas infinitesimais sujeitos às leis naturais, que, mais ou menos por acaso, criaram um ser que neste momento se pergunta se ainda há um pote de seu iogurte preferido na geladeira.

O fetichismo é religião ruim. Antes de Nietzsche, Marx já observou em sua análise do fetichismo de mercadorias que a divisão de trabalho moderna tende para o fetichismo, pois trocamos e compramos mercadorias o tempo todo, sem saber como elas são produzidas e como elas adquirem seu valor. Marx estabelece um vínculo entre o fetichismo de mercadorias e a religião fetichista:

> Para encontrar uma analogia, precisamos fugir para a região nebulosa do mundo religioso. Aqui, os produtos da mente humana parecem ser figuras dotadas de vida própria, que mantêm relações umas com as outras e os seres humanos. O mesmo vale para

---

[69] NIETZSCHE, F. *Also sprach Zarathustra*. Munique/Berlim/Nova York, 1980, p. 35s.

os produtos da mão humana no mundo das mercadorias. Eu chamo isso de fetichismo, que adere aos produtos do trabalho assim que são produzidos como mercadorias e que, por isso, é inseparável da produção de mercadorias[70].

Um belo exemplo dessa estrutura é uma postura muito popular na nossa sociedade em relação ao consumo de carne. Vejamos, por exemplo, a linguiça: À primeira vista, uma linguiça parece ser a própria essência da carne. Na verdade, trata-se de carne moída, temperada e processada de origem e qualidade duvidosas. A linguiça é carne, mas, na verdade, sua aparência não evidencia sua origem animal. Sua forma é artificial e normalmente é envolta de uma pele artificial. Quando a comemos, normalmente sequer pensamos nos animais a partir dos quais ela foi produzida. A linguiça passa a impressão de nem consistir de animais ou restos de animais. O mesmo vale para o peito de frango ou a salsicha no mercado. Esse consumo de carne é, portanto, fetichista no sentido exato da palavra: A linguiça parece ter chegado sozinha à geladeira – quando, na verdade, em algum momento uma manada impressionante de porcos foi reunida, sistematicamente abatida, desmembrada e moída e transformada em uma linguiça que cumpre os padrões mínimos das leis alimentares. A verdade sobre o mundo da linguiça é, por isso, traumática, o que Christoph Schlingensief ilustrou de forma esteticamente forte em seu filme *Das deutsche Kettensägenmassaker* (O massacre da serra elétrica alemão). O filme de Schlingensief é um estudo intensivo sobre o niilismo, que ele resume no filme com esta declaração satírica: "Num tempo em que nem mesmo a vida importa, não importa se algo é bom ou ruim".

O infinito

Mas nem toda religião é evidentemente fetichista. Em todas as grandes religiões do mundo existe uma tendência contrária que

---

70 MARX, K. *Das Kapital*. Vol. 1. Berlim, 1962, p. 86s.

pretende nos libertar do pressuposto segundo o qual a religião gira em torno de um objeto digno de adoração. Na tradição judaico-cristão-islâmica, por exemplo, o primeiro mandamento já diz que não devemos fazer uma imagem de Deus. Aquilo que aqui chamei de "fetichismo" com referências a Marx, Nietzsche e a psicanálise é chamado de *idolatria* na tradição judaico-cristão-islâmica. A palavra provém dos termos gregos *"eidôlon"* (= "pequena imagem" ou "pequena estátua de um deus") e *"latreia"* (= "adoração submissa"). A proibição da imagem de Deus representa, portanto, uma recusa do fetichismo. Em várias formas, a religião se afasta do pressuposto segundo o qual nós podemos fazer uma imagem de um superobjeto digno de adoração que se esconde por trás de todos os fenômenos. Isso é um primeiro passo em direção à descoberta de que esse tipo de objeto não existe.

Nesse sentido, tenho vinculado a religião a uma fórmula de Schleiermacher, segundo a qual a religião seria a expressão de nosso senso e gosto pelo infinito. A ideia representada por "Deus" é a ideia de um infinito incompreensível, no qual nós não estamos perdidos. DEUS é a ideia de que tudo isso faz sentido, mesmo que transcenda a nossa capacidade de compreensão. Quando as pessoas creem em "Deus", elas expressam sua esperança de que existe um sentido que, apesar de se esquivar de nós, também nos inclui. A religião no sentido não fetichista é a impressão de que nós participamos de um sentido, mesmo que este transcenda em muito tudo aquilo que nós podemos compreender. Palavras como "Os caminhos do Senhor são insondáveis" expressam isso. Em uma passagem do Novo Testamento, na Epístola aos Romanos, lemos:

> Ó profunda riqueza e sabedoria e conhecimento de Deus. Quão insondáveis são suas decisões, e quão impossível é descobrir os seus caminhos[71].

O infinito aqui não se refere ao infinito matemático, que sempre é calculável em certa medida. Tampouco se refere a uma arbitrariedade imprevisível de algum deus, ao qual nós devemos nos

---

71 Minha tradução de Rm 11,33.

submeter, mas expressão de uma procura de rastros. A religião no sentido não fetichista procura rastros de sentido no infinito.

Em outras palavras: Aquilo que hoje costuma ser atacado e rejeitado como imagem religiosa do mundo tem pouquíssimo a ver com a religião nesse sentido. A religião não é pretensão de conhecimento em concorrência com as teorias científicas. Ela nem sequer surge do desejo de explicar o mundo no sentido moderno da palavra. A imagem religiosa e a imagem científica do mundo são falsas em sua qualidade de imagens do mundo.

Voltemos, em nossa imaginação, para o início da história cultural. É claro que não sabemos exatamente o que aconteceu em que lugar. Sabemos muito pouco sobre a história do ser humano, também porque, atualmente, ela é pesquisada apenas sob a perspectiva unilateral da Teoria da Evolução, fato contra o qual se rebelam até mesmo os filmes de ficção científica, como vemos, por exemplo, no filme *Prometheus*, de Ridley Scott, que imagina o cenário assombroso em que nós fomos gerados por alienígenas. Na verdade, sabemos muito pouco sobre a história do ser humano, que começou após sua seleção evolucionária mais ou menos bem-sucedida. Os conquistadores, por exemplo, destruíram a maior parte dos testemunhos culturais das altas culturas da América Central; por outro lado, temos pouquíssimas pesquisas indológicas que torne acessível a gigantesca história cultural e religiosa da Índia. E também na Europa predomina o desconhecimento da nossa própria história. Ninguém sabe direito o que aconteceu nos chamados "séculos escuros" da Antiguidade entre os séculos XII e VIII aC, durante os quais existiu a alta cultura minoica em Creta.

Por isso, quero contar outra história. Nessa história, em algum momento da pré-história obscura, um grupo de seres hominídeos despertou de seu sono da animalidade e se perguntou: Qual é o sentido de tudo isso? "Por que", esses seres se perguntaram, "nós caçamos esses animais?" – "Por que somos como somos?" Já que a resposta a essas perguntas transcendia em muito seu horizonte de conhecimento, a história dos primeiros seres humanos começou com uma irritação. Eles se viram confrontados com o fato de que muitas coisas acontecem que eles não entendem e que foge ao seu controle. Nesse momento começou a busca pelos rastros. Existe uma ordem nos eventos, existe uma história? As religiões assumiram a tarefa de contar histórias e de reconhecer uma ordem nos eventos que incluísse o ser humano, mas que, ao mesmo tempo, transcendesse o ser humano. Podemos dizer que, originalmente, a religião era o senso de distância mais radical, a percepção de que nós nos encontramos numa história de difícil leitura, que nos inclui, mas na qual está em jogo muito mais do que o nosso destino individual.

O ser humano é aquele ser que deseja saber o que ou quem ele é. Essa situação pode ser irritante, mas foi ela que fez surgir a história do espírito do homem. A evolução espiritual do ser humano não pode ser reduzida ao fato de termos uma cultura. O espírito é mais do que cultura. Espírito é ter um senso de sentido, de um sentido indeterminado e aberto. Por isso, a liberdade humana consiste sobretudo do fato de não sermos limitados a algo determinado, do fato de existir uma multiplicidade de determinações possíveis. Isso é fonte não só de insegurança, mas também de progresso. No entanto, não podemos acreditar que esse progresso aconteça automaticamente. O ponto da liberdade humana, espiritual é que somos capazes de progressos e regressos, que a autodeterminação do nosso ser pode também fracassar.

O ser humano não sabe quem ele é. Ele começa a sua procura. Humanidade significa estar à procura daquilo que é o ser humano. Heidegger expressou isso de forma brilhante: "O ser-si-mesmo é a descoberta que se encontra já *na* procura"[72]. Para que possamos nos procurar, é preciso que tenhamos nos perdido. Precisa existir uma distância inerente ao nosso ser, uma distância que, no fundo, somos nós mesmos. A primeira experiência dessa distância, a experiência da distância máxima, é vivenciada como "Deus" ou como "divino". Por isso, o espírito humano começa ao analisar a si mesmo na figura do divino,

---

72 HEIDEGGER, M. *Beiträge zur Philosophie.* Frankfurt am Main, 1989, p. 398.

sem reconhecer que o divino, que ele procura fora de si, é o próprio espírito humano.

Isso significa que o ser humano não apareceu no palco do mundo como criador de hipóteses já pronto, como sujeito científico moderno. O ser humano não inventou Deus porque ainda não havia inventado a física. A Modernidade é o resultado de um processo, que não conseguiremos entender se projetarmos a Modernidade sobre sua pré-história. No entanto, esse tipo de projeção nada científica é muito comum hoje em dia. O conceito da religião foi aproximado demais do conceito da superstição, e a superstição é compreendida como hipótese comprovadamente falsa ou simplesmente tola, como a hipótese segundo a qual o movimento dos astros influencia a nossa vida pessoal. Evidentemente, a astrologia nesse sentido é mera superstição, ainda mais porque aqui várias fases da história do espírito se misturam sem distinção. Mas se quisermos entender o sentido da religião e se quisermos desenvolver um conceito sensato de religião, precisamos abordá-la de outra forma.

Religião e busca de sentido

Para isso precisamos nos conscientizar de uma coisa que pode parecer difícil. Essa coisa diz respeito a nós mesmos, à nossa autoconsciência humana. O que é autoconsciência e como ela se relaciona ao espírito humano? Hoje tornou-se comum compreender a consciência como um estado cerebral específico. A consciência seria então o âmbito de estados cognitivos e emocionais transparentes e acessíveis. Eu tenho um campo de visão no qual observo algumas coisas com atenção; outras, porém, percebo apenas de relance; no momento, sinto-me um pouco cansado, mas de resto estou bem-disposto. Esses estados são transparentes para mim. Sei como me sinto e sei em que estou me concentrando no momento. Se isso é consciência, sabemos aparentemente também o que é autoconsciência. A autoconsciência seria a consciência da consciência, a atenção voltada para a própria consciência, para os próprios processos de pensamento e percepção.

Sob essa perspectiva surge rápida e novamente a impressão de que cada um de nós estaria em seu próprio cinema de consciência assistindo ao filme do mundo. Evidentemente, este filme é extremamente interativo, pois nós mesmos somos atores nele. A consciência seria um estado dentro do crânio, levando-nos de volta ao neuroconstrutivismo. Mas o que consciência e autoconsciência poderiam ser além disso?

Quando tenho consciência, sempre tenho consciência de algo. Isso significa que a consciência sempre se realiza também em referências a objetos. A consciência se refere ao meu bem-estar, ela se refere a objetos e processos no meu campo de visão, mas também a ruídos e outras impressões. Ao distinguir minha consciência de todos os outros objetos, obtendo assim autoconsciência, vejo sempre apenas um objeto ao qual me refiro. Posso me enganar sobre esse objeto tanto quanto sobre qualquer outro objeto também. Podemos simplesmente estar enganados em relação ao que é consciência. Aquilo do qual tenho consciência muitas vezes não é, ele mesmo, consciência, mas o céu ou meus dedos sobre o teclado. Às vezes, não é minha própria consciência, mas a consciência do meu interlocutor. Posso muito bem estar ciente de que alguém esteja ciente de suas dores. Por vezes, nós nos conscientizamos também do fato de sermos conscientes. Mas o que acontece neste caso? Muitos filósofos alimentam ainda hoje a opinião equivocada segundo a qual a autoconsciência, a consciência da consciência, seria imune ao equívoco. Acreditam que todos têm um acesso infalível a si mesmos e se conhecem perfeitamente. Nesse caso, porém, não poderíamos explicar por que ninguém sabe realmente o que é consciência. Aquele que acredita ter uma teoria infalível sobre a consciência exclui a si mesmo de um debate que, segundo sua teoria, nem deveria existir.

Já que podemos nos enganar *de facto* em relação ao que é consciência e, por isso, não somos capazes de dizer simplesmente o que é autoconsciência, nós nos encontramos em distância a nós. Precisamos conhecer a nós mesmos como a qualquer outro objeto, sendo que, nesse processo do autoconhecimento, nós nos transformamos. Cada vida humana possui uma história, que desenvolvemos e reconstruímos continuamente.

Isso não vale apenas para o indivíduo, pois ele é reconhecido e conhecido também por outros, e muitas vezes os outros nos conhecem melhor do que nós mesmos. Por isso, nós nos conhecemos melhor em relacionamentos de todo tipo, por exemplo, em relacionamentos amorosos ou em amizades, do que quando tentamos observar-nos a nós mesmos.

Isso se manifesta já num nível bem superficial. Suponhemos que eu esteja olhando pela janela e acredite detectar uma garoa. Além disso, adquiro autoconsciência ao pensar que tenho consciência desse chuvisco. Então, entra em meu escritório um colega e sugere limpar o vidro da janela, já que a sujeira no vidro estaria passando a impressão de chuva. Meu colega pode muito bem estar ciente de que eu esteja acreditando estar ciente de que esteja chovendo. Ou seja, minha consciência não era a consciência de uma garoa, mas a consciência de sujeira no vidro. Portanto, enganei-me na autoconsciência de minha consciência. Pois, para a consciência, o objeto de sua consciência é decisivo. Isso vale também para a autoconsciência. Para ela é decisivo saber o que é consciência. Mas é difícil defini-la. Precisamos entreter pensamentos complicados sobre isso. Sem o diálogo com outras pessoas, não podemos nem mesmo ter certeza do objeto da nossa consciência. Até mesmo nossas percepções mais simples estão sujeitas à suspeita de um equívoco.

Enquanto refletimos sobre a autoconsciência, podemos consultar livros e léxicos, fazer experiências de vida e muitas outras coisas para descobrir o que estamos analisando. E este movimento é espírito, o autoencontro de sentido. Compreendemos sentido que só existe para ser compreendido: teorias, artigos em léxicos e experiências de vida. Pressupomos que já existe sentido, que existe um sentido que possa ser compreendido.

Nós, como pessoas modernas, podemos entender esse pressuposto sem maiores dificuldades, pelo menos quando ainda não estamos completamente alienados de nós mesmos e ainda não acreditamos ser meras máquinas biológicas, que possuem uma ilusão do Eu para que a massa biológica possa se procriar e preservar. Uma pessoa que se vê como máquina biológica ou máquina de carne, que assiste a um cinema de consciência, que, na verdade, nada mais é do que uma ilusão, já pulou no abismo. O espírito humano tem também a capacidade de se autodestruir, de certa forma, de se apagar (o que, em muitos casos, não o impede de escrever livros grossos).

A religião surge da necessidade de compreender como pode haver sentido no mundo que possa ser compreendido, mas sem que simplesmente inventemos esse sentido. Visto assim é absolutamente correto dizer que a religião é uma forma de busca de sentido.

A religião surge do desejo de superar uma distância máxima e retornar para nós mesmos. O ser humano é capaz de distanciar-se de si mesmo ao ponto de se ver apenas como ponto infinitamente pequeno dentro do infinito. Quando voltamos dessa distância para nós mesmos, nós nos perguntamos se nossa vida ainda tem qualquer sentido ou se as nossas esperanças de encontrar um sentido se dissolvem como uma gota de água no oceano do infinito. A RELIGIÃO é por isso um retorno para nós mesmos, um retorno do infinito, do incontrolável e imutável, e ela tenta impedir que nós nos percamos totalmente.

Ela é expressão de uma irritação causada pelo desvio por um todo, que nós fazemos para chegar a uma compreensão de nós mesmos. Ela surge da impressão de que esse movimento – que parte de nós em direção a um todo e depois retorna para nós mesmos – não é totalmente despido de sentido, de que ele, de alguma forma, tem algum significado para o todo.

Nesse contexto, podemos recorrer a um escrito do primeiro filósofo radical da existência, o dinamarquês Søren Kierkegaard. A filosofia da existência, muitas vezes igualada ao existencialismo, é um movimento que não só se ocupa com a ontologia e reflete sobre o conceito da existência. O EXISTENCIALISMO é a análise da existência humana, que pensadores como Kierkegaard, Nietzsche,

Heidegger, Sartre ou Karl Jaspers reconhecem como nosso problema fundamental. Em seu escrito *Doença até a morte*, Kierkegaard distingue três formas de uma doença especificamente humana, que ele chama de "desespero". Ele identifica essa doença como humor fundamental da existência humana, uma descrição considerada por muitos como excessivamente pessimista. No entanto, o existencialismo reconheceu algo importante. As três formas do desespero são:

1) O desespero de não ter ciência de um *self* (não desespero no sentido estrito).
2) O desespero de não querer ser si mesmo.
3) O desespero de querer ser si mesmo.

Podemos esclarecer facilmente a ideia que se esconde por trás disso. Podemos nos perguntar quem nós somos. Com essa pergunta começa o desenvolvimento da humanidade. O ser humano se distingue do animal pelo fato de não só ser o que ele é, mas de estar sempre à procura de um sentido. Por isso, discutimos também o tempo todo sobre quem nós *queremos* ser ou quem nós *deveríamos* ser. O ser humano que ele pode e até mesmo deve mudar o seu ser. Todos nós sabemos que precisamos superar o assassinato, que a fome no mundo precisa ser abolida ou que todos os seres humanos merecem certa medida de riqueza. Sabemos também que nos sentimos impotentes diante de muitas coisas. Os animais não se preocupam muito com seu próprio ser, eles simplesmente o vivem. Eles estão ocupados com seu programa de sobrevivência e jamais pensam em mudar sua vida. Eles simplesmente a vivem, o que não significa que eles não têm consciência. Eles só não têm espírito no sentido de Kierkegaard, mas têm evidentemente uma vida interior consciente.

O ser humano não se distingue do animal pelo fato de pensar ou de ser racional. Animais também pensam e seguem uma ordem de conceitos. Meu cachorro sabe onde guardo sua ração e tenta me convencer que ele merece mais comida do que eu considero saudável para ele. Nessa interação, o cachorro também recorre a muitos conceitos, mesmo que não seja capaz de refletir sobre o fato de que ele possui conceitos. Provavelmente, cachorros não refletem sobre a reflexão; no nosso planeta, este parece ser um privilégio questionável do ser humano. Mas essa capacidade, a de refletir sobre a reflexão, ainda não é idêntica ao espírito. Pois nosso relacionamento conosco mesmos não se limita ao fato de nós refletirmos sobre nossos pensamentos. Normalmente, deixamos que os filósofos cuidem disso. Espírito é mais do que refletir sobre qualquer coisa que seja.

Espírito é o fato de nós nos relacionarmos a nós mesmos como que uma pessoa que conhecemos e, às vezes, mudamos. Não somos apenas sujeitos da reflexão, pensadores, mas sobretudo pessoas; e as pessoas se relacionam a si mesmas. Nessa autorrelação somos, até certo grau, moldáveis, razão pela qual a existência humana é algo um tanto instável.

O ser humano sofre com incertezas e medos, mas é igualmente capaz de ser autoconfiante ou arrogante. A gama psicológica humana é, por isso, muito mais rica do que nossas emoções. Incertezas profundas ou confiança sólida não são simplesmente emoções como raiva ou alegria, mas expressões do espírito. O espírito pode também adoecer, existem doenças espirituais que não são meros distúrbios emocionais. Por isso, o tratamento de muitas doenças espirituais consiste em levar o paciente a reconhecer a sua postura em relação a si mesmo, que o faz sofrer inconscientemente, para então levá-lo a construir uma nova autorrelação que possa ser emocionalmente satisfatória.

O espírito, escreve Kierkegaard, se relaciona a nós mesmos. E o modo como nós nos observamos, como nós nos vemos, evidencia o nosso espírito. Nossa existência é um modo de relacionar-nos a nós mesmos, modo este do qual nem sempre temos consciência. O espírito é o estabelecimento e a preservação de uma autorrelação. Nossas autorrelações são, porém, sempre também parte de nossas relações a outros. A abertura para outros só é possível porque nós mesmos nos somos estranhos.

Por isso, todo psicólogo sabe, desde as grandes conquistas da psicanálise no século passado, que nossa postura em relação a outras pessoas sempre é determinada também pela nossa autorrelação, e vice-versa. Nós nos relacionamos aos outros sempre também como nós nos relacionamos a nós mesmos; nós realizamos na nossa vida com outros, nos nossos múltiplos relacionamentos pessoais, sempre também nossa própria autoimagem ideal, mas também os nossos medos. Nós não só idealizamos nossos próximos, mas também os desprezamos ou lhes atribuímos posturas que eles não têm, porque os usamos como plano de projeção para as nossas próprias autorrelações, algo que jamais conseguimos evitar completamente. E é justamente por isso que os outros podem nos ajudar a reconhecer quem nós somos, porque grande parte da nossa personalidade reflete sobre nós a partir da nossa postura em relação a outros.

Kierkegaard não dispõe ainda dos conceitos psicanalíticos do inconsciente e da transferência, mas ele se aproxima desses conceitos com sua primeira forma do desespero: O *self* é capaz de ignorar a si mesmo. Assim que ele se descobre, ele pode tentar agarrar-se a si mesmo e interromper sua dinâmica, ou ele pode tentar livrar-se de si mesmo, transformando-se continuamente. Cada um de nós conhece personalidades que sofrem de uma dessas três formas da doença até a morte, e conhecemos esses motivos também em nós mesmos. Às vezes, tentamos simplesmente ignorar a nós mesmos e distanciar-nos do nosso espírito. Às vezes, tentamos definir-nos de forma fixa. E, às vezes, nós fazemos uma revisão completa de nós mesmos, mudamos a nossa vida.

O importante nas análises de Kierkegaard para o nosso contexto é sua descoberta de que o espírito se relaciona a si mesmo de tal forma que sempre entendemos que podemos nos mudar. Poderíamos nos tranformar em outra pessoa. Por isso, nós nos comparamos com outros e tentamos descobrir qual seria o estilo de vida mais adequado para nós. E é exatamente aqui que Kierkegaard introduz Deus na equação. Pois ele define "Deus" como o fato de que "tudo é possível"[73]. O que ele quer dizer com isso é que nós encontramos Deus ou o divino quando nos distanciamos

---

73 Ibid., p. 45.

o máximo possível e lá fazemos a experiência de que tudo é possível. Em termos existenciais, na nossa experiência de vida, isso se evidencia quando perdemos o chão sob os pés e entendemos que poderíamos assumir modos de vida completamente diferentes, pois somos capazes de assumir posturas completamente divergentes em relação a nós mesmos. Ao longo da vida, nós realizamos algumas delas; outras, porém, não. Ninguém é simplesmente quem é, da forma como uma pedra é pedra.

A função de Deus

Não afirmo com isso que Deus realmente existe – no sentido de uma pessoa que decreta leis ou que se encontra em algum lugar fora do universo, num lugar inacessível para nós. A contemplação filosófica que se ocupa com o sentido da religião simplesmente não responde a essa pergunta. É evidente que Deus existe, a pergunta é apenas em que campo de sentido Ele existe, como "Deus" se manifesta. Segundo a análise de Kierkegaard, Deus é nosso distanciamento máximo. Isso lhe permite traduzir as doutrinas fundamentais do cristianismo, que ele, como teólogo cristão, conhecia bem, para uma linguagem do espírito. "Pecado" é, por exemplo, para ele a rejeição do espírito. O pecado não seria então um "ato mau" ou um conjunto de "pensamentos sombrios", mas uma postura em relação a si mesmo que procura eliminar seu próprio espírito.

Podemos fazer análises análogas também para outras religiões. Existe simplesmente um sentido de religião que permanece histórica e culturalmente igual: O sentido da religião resulta do confronto com um sentido que pode ser compreendido. Nosso encontro primário com um sentido que pode ser compreendido é o espírito humano. Em algum momento, este começou a questionar a si mesmo, e nesse momento iniciou-se a história do espírito, que fez brotar flores admiráveis, uma das quais é também a ciência moderna. No entanto, não podemos permitir que uma autoimagem distorcida nos leve a crer que todas as religiões são superstições. Ciência, esclarecimento e religião são mais próximos do que costumamos imaginar. Posso citar como exemplo uma sociedade como a indiana. A sociedade indiana é, evidentemente, profundamente marcada por movimentos religiosos, pelo islamismo, pelo hinduísmo e pelo budismo e por muitos outros grupos religiosos maiores ou menores, o que não impede a Índia de ser uma democracia moderna. A nossa própria sociedade não é completamente secularizada. Acredito que, neste planeta, mais pessoas são de alguma forma religiosas do que as pessoas completamente ateias ou "sem afinidade musical com a religião", como disse Max Weber sobre si mesmo[74]. O fato de nossa realidade social estar longe de ser completamente livre de religião se deve também ao fato de que a religião diz respeito a um âmbito completamente diferente da experiência humana do que a ciência. A religião se ocupa com o mundo das pessoas. Seu campo de sentido é sentido que pode ser compreendido, e nós nos perguntamos de onde vem esse sentido – um mistério que tentamos solucionar há milênios.

As ciências naturais modernas, por sua vez, se ocupam com um mundo sem nós. Nem mesmo a genética humana ou a medicina se interessam pelo espírito, mas pelo corpo. Nosso corpo também pode fazer parte do nosso espírito – nós compramos roupas, cuidamos da nossa saúde, desenvolvemos gestos e mímicas e nos servimos de nossos corpos como meio de expressão da nossa autorrelação –, mas na medicina o corpo costuma ser anonimizado. Não é o corpo de expressão do ser humano, o corpo de ressonância da nossa personalidade, mas o corpo humano num sentido geral que ocorre no universo, no campo de objetos das ciências naturais. A princípio não há nada de errado com isso. Estou muito longe de querer defender a espiritualização da medicina moderna. O progresso científico

---

74 Max Weber em uma carta a Ferdinand Tönnies de 02/03/1909. In: *Max Weber-Gesamtausgabe* – Abt. II: Briefe 1909-1910. Vol. 6. Tübingen 1994, p. 65: "Não tenho nenhuma afinidade musical com a religião e não tenho nem desejo nem capacidade de erguer dentro de mim quaisquer construções psicológicas de caráter religioso – isso simplesmente não funciona, i.e., eu rejeito isso. No entanto, posso dizer que, após uma análise minuciosa, não sou antirreligioso nem arreligioso".

é uma bênção, que *pode* se tornar uma ameaça, mas que, felizmente, não precisa se transformar em perigo. O pensamento fundamental de Kierkegaard afirma que a ciência, a religião ou qualquer outra imagem que nós fazemos de nós mesmos e de nossa localização em determinado contexto são testemunhos do espírito. Em todo ato de autodescrição, nós documentamos também uma autocompreensão normativa, um modo de como queremos ser. Kierkegaard chama isso de "Deus", e nós podemos concordar com ele, contanto que a religião se refira ao espírito humano que se abre para algo indisponível. Essa abertura, porém, não pode nos levar a escolher um objeto ou campo de objetos preferido para então deificá-lo. Isso, sim, é superstição ou fetichismo.

Não podemos saber tudo, simplesmente porque não existe um princípio que reúna e organize tudo. O mundo não existe. Portanto, Deus também não pode existir se compreendermos "Deus" como um princípio desse tipo. Nós nem sabemos quem nós mesmos somos; estamos sempre à procura. Como reconheceram Kierkegaard e Heidegger, nós somos justamente aqueles seres que se encontram nessa busca de si mesmos. Cada tentativa de interromper essa busca por meio de uma resposta simples é uma forma de superstição e de autoenganação.

Religião é o contrário de uma explicação do mundo. Não é por acaso que a religião se aproxima tanto da tese segundo a qual o mundo não existe – desde a convicção hinduísta de que a vida é um sonho e a famosa declaração de Jesus segundo a qual seu reino não é deste mundo até a superação budista do mundo. Poderíamos até provocar um pouco e dizer que o sentido da religião é a descoberta de que Deus não existe, de que Deus não é um objeto ou superobjeto que garanta o sentido da nossa vida. Se acreditarmos que existe um grande maestro, que dirige o universo e a vida humana, nós nos iludimos. Pois não existe um todo universal que poderia ser dirigido por alguém. Isso, porém, não significa que a religião ou a fala de Deus não faça sentido. Por outro lado, podemos reconhecer o sentido da religião no reconhecimento de nossa finitude. A religião assume a postura de uma distância máxima.

Depois, ela volta para o ser humano, que, por meio de sua ocupação com Deus, se aventurou na história do espírito.

Sem a religião jamais teria surgido a metafísica; sem a metafísica jamais teríamos desenvolvido a ciência; e sem a ciência jamais teríamos adquirido os conhecimentos que somos capazes de formular hoje. O que ocorre nesse processo não pode ser descrito simplesmente como uma forma de esclarecimento. A Modernidade não se caracteriza pela desconstrução da religião, mas pela ampliação da nossa noção de liberdade. O ser humano compreendeu na Modernidade que ele é espírito e que esse espírito possui uma história. Essa dimensão nos era oculta no passado ou apenas parcialmente acessível. Por isso, não podemos denunciar o reconhecimento do espírito e de sua história como pré-moderno ou como regresso. A religião se apoia no reconhecimento do espírito. Evidentemente, existem formas deficientes da religião, existem meras superstições e seitas manipuladoras. Mas existem igualmente formas deficientes da ciência, existem equívocos científicos, sem os quais não haveria progresso científico. O mero fato de a postura humana correr o perigo de desenvolver patologias não significa que devemos aboli-la. Pois a eliminação do espírito também é espírito, no entanto, espírito em sua pior forma – espírito na forma de sua própria negação, de desespero impróprio, como o chama Kierkegaard. A pergunta se Deus existe precisa ser abordada com uma circunspeção muito maior do que sugerem as seitas ou os neoateístas. Quem se ocupa com a pergunta da existência de Deus sem considerar a historicidade do espírito está destinado ao fracasso. Os idealistas alemães, mas também Gadamer, ressaltaram isso corretamente. A existência de Deus não é um problema das ciências naturais, pois Deus não ocorre no universo. Toda religião que afirmar isso pode ser rejeitada como equívoco, como forma do fetichismo. Mas nem toda religião é fetichista. A religião se ocupa essencialmente com o ser humano e com seu lugar num contexto de sentido. Não podemos delegar essa identificação do nosso lugar a um conselho de especialistas, pois não existem especialistas na área da existência humana capazes de assumir essa tarefa em nosso lugar.

VI
O sentido da arte

Por que gostamos de ir ao museu, ao cinema, ao teatro ou a um concerto? "Recreação" não é uma resposta suficiente a essa pergunta. Pois muitas obras de arte não são muito recreativas, pelo menos não no sentido imediato da palavra. Qual é a atração que a arte exerce sobre nós? A resposta clássica, comum desde a Antiguidade, segundo a qual seria a beleza das obras de arte que nos atrai, não funciona simplesmente porque muitas obras de arte são feias e até mesmo repugnantes. Dizer que é justamente nisso que consiste sua beleza é um argumento ruim. Pois por que as damas em *Les demoiselles d'Avignon*, de Picasso, deveriam ser bonitas? A mensagem desta e de muitas outras obras de arte (seja um filme de terror ou uma peça abstrata da Música Nova) consiste justamente no fato de elas tentarem romper com o conceito de beleza clássico, recusando-se à tese segundo a qual a arte seria algum tipo de entretenimento.

Sugiro que nos aproximemos da pergunta referente ao sentido da arte de outra perspectiva. Nós vamos ao museu porque lá experimentamos a liberdade de ver tudo de forma completamente diferente. No convívio com a arte, aprendemos a nos livrar da convicção segundo a qual existe uma ordem do mundo fixa, na qual nada mais somos do que espectadores. Um espectador passivo não entende nada no museu. É preciso esforço para interpretar uma obra de arte perturbadora, aparentemente sem sentido. Sem interpretação, vemos apenas manchas de tinta, também em Michelangelo, não só em Pollock. O campo de sentido da arte nos mostra assim que sentido só pode existir se nós interagirmos ativamente com ele.

O sentido da arte é confrontar-nos com o sentido. Normalmente, o sentido provoca a manifestação de objetos, que então de certa forma se colocam na frente do sentido e o ocultam. Isso vale literalmente para o sentido de visão. Os objetos vistos se colocam na frente do sentido de visão e ocultam o fato de que são vistos. Vemos os objetos, não vemos o fato de que os vemos. Nas artes plásticas, porém, o que se torna visível são os próprios hábitos de visão, a forma como vemos os objetos. Isso vale também para a música, que nos ensina a ouvir com atenção e que se dirige à estrutura da nossa audição. Ouvimos não só, como no dia a dia, ruídos, mas aprendemos ao mesmo tempo algo sobre o ato de ouvir. O mesmo vale para a pintura ou para o filme – mas também para artes menos canônicas como a gastronomia, que muda os nossos hábitos de alimentação e o sentido do nosso paladar. A arte libera os objetos por ela tratados, colocando-nos em posturas diferentes em relação a eles, transferindo-os para um campo de sentido criado especificamente para isso. A arte desloca os objetos dos campos de sentido em que eles costumam se manifestar, mas sem termos consciência de como eles se manifestam.

Ambivalências

Desde a Antiguidade existe uma briga sobre a pergunta se a arte nos ensina qualquer coisa ou se ela é apenas aparência. A distinção moderna entre realidade e ficção tem a ver com isso. A separação entre realidade e ficção pressupõe a existência de mundos fictícios, que surgem quando falamos não sobre objetos, pessoas ou eventos "reais", mas apenas sobre contextos "possíveis", "fictícios" ou "imaginados". Foi nesse sentido que Gottlob Frege tratou como iguais "poesia e lenda"[75], definindo-as na base de que os nomes próprios que nelas ocorrem – como "Odisseu" ou "Gustav von Aschenbach" – não designam objetos reais. Segundo Frege, eles têm sentido, mas nenhum significado; nós conseguimos entendê-los,

---

75 FREGE. "Sinn und Bedeutung", p. 148s.

mas eles se referem a nada. Para Frege, o sentido de uma expressão é o modo como ele nos é apresentado, enquanto o significado de uma expressão é o objeto ao qual a expressão se refere.

Mas o que acontece com nomes próprios como "Troia" ou "Veneza"? Muitos eventos e locais da mitologia grega se referem a Atenas, Troia, Tebas ou outras cidades, que os gregos antigos conheciam muito bem. E também o romance *Morte em Veneza*, de Thomas Mann, é situado num lugar que seus leitores conheciam e talvez até já haviam visitado pessoalmente. Mais acima, já havíamos falado sobre a invenção genial de um pintor chamado Elstir, cuja pintura o narrador de *Em busca do tempo perdido*, de Proust, descreve em todos os detalhes. Por outro lado, o narrador remete também a Monet e suas pinturas, de modo que o romance de Proust chega a discutir obras de arte "reais" e "fictícias". O contraste entre Elstir e Monet exerce um papel importante no romance, como o faz também o contraste entre alucinação e realidade no mundo da narrativa *Morte em Veneza*. Por isso, é totalmente errado determinar a arte ou como duplificação e imitação do mundo manifesto ou como ficção em oposição à realidade.

Não só a literatura e as artes plásticas solapam sempre de novo e de formas diferentes a suposta diferença claramente demarcada entre realidade e ficção. Também filmes como *Matrix*, *A origem* ou alguns clássicos do gênero do chamado novo *film noir* podem ser citados aqui, como, por exemplo, *Clube da luta*, *Amnésia*, *Ilha do medo*, a maioria dos filmes de David Lynch ou o *Show de Truman*. Esses filmes nos colocam na situação assustadora em que começamos a perder a certeza sobre as regras segundo as quais o mundo narrado funciona, em que campo de sentido nós nos encontramos em determinado momento. Estamos acordados ou estamos sonhando? Sou realmente aquele que aparento ser? Como saber se não somos completamente esquizofrênicos e apenas imaginamos a maior parte da nossa vida? Com um pouco de imaginação é fácil reconhecer como muitos aspectos da nossa vida realmente são imaginários ou puramente simbólicos. Sobretudo na interação humana muito depende de como imaginamos a perspectiva de outras pessoas em relação a si mesmas, a nós e aos objetos que discutimos uns com os outros. Estamos constantemente comparando imagens fictícias com a percepção, sem isso não conseguiríamos identificar um contexto comum. Sem imaginação não existiriam para nós nem objetos nem realidade, que cada um de nós percebe de modo bastante diferente em virtude das nossas experiências de vida individuais.

O filósofo norte-americano Stanley Cavell observa em um livro sobre a ontologia do filme de forma absolutamente certeira:

> É uma noção muito pobre de imaginação aquela que a compreende como um mundo separado da realidade, como mundo que expõe sua irrealidade. A imaginação é justamente aquilo que pode ser confundido com a realidade. Por meio da nossa imaginação formamos a convicção do valor da realidade; abrir mão de nossa imaginação significaria abrir mão de nosso contato com o mundo[76].

O sentido da arte não pode, portanto, ser encontrado na alegação de que arte é entretenimento nem na afirmação de que ela imita a realidade. Mesmo assim a arte nos apresenta uma imagem, um autorretrato, uma imagem do nosso tempo, uma imagem de gosto ou uma pura imagem sonora. No entanto, a imagem que a arte nos apresenta é sempre ambivalente e pode ser interpretada de muitas formas diferentes (mas não arbitrárias).

Quero usar uma pintura de Vermeer como exemplo. As pinturas de Vermeer nos mostram muitas vezes interiores iluminados pela luz que entra pela janela. Vejamos, por exemplo, a pintura *Leitora à janela*.

Essa pintura brinca em muitos níveis diferentes com a diferença entre realidade e ficção ou, num sentido mais geral, entre ser

---

[76] Minha tradução de CAVELL, S. *The World Viewed* — Reflections on the Ontology of Film. Cambridge, MA 1979, p. 85: "It is a poor idea of fantasy which takes it to be a world apart from reality, a world clearly showing its unreality. Fantasy is precisely what reality can be confused with. It is through fantasy that our conviction of the worth of reality is established; to forgo our fantasies would be to forgo our touch with the world".

e aparência. Na pintura, a luz, proveniente de uma fonte não visível, entra pela janela à esquerda e ilumina a cena que atrai a nossa atenção. A cena se apresenta a nós como que num palco, ainda mais que, no primeiro plano, vemos uma cortina verde aberta, que ressalta a estrutura cênica da pintura. A moça recebe uma mensagem, provavelmente uma mensagem de amor. Seu rosto está um pouco enrubecido, o que pode ser interpretado como pudor. Além disso, a cortina aberta é da mesma cor de seu vestido, o que, com um pouco de astúcia psicanalítica, pode ser interpretado como se o espectador (ou seja, nós) estivesse despindo a moça com seus olhares. Pois estamos observando a mulher numa cena íntima. Outro indício para a conotação sexual da pintura pode ser reconhecido no prato de frutas virado, da qual caiu um pêssego já mordido. Além disso, o prato de frutas se encontra numa cama desarrumada.

Chama também atenção o fato de que a moça não se volta para a fonte de luz, antes volta sua atenção para a carta, refletindo-se na janela. Poderíamos interpretar isso como referência crítica ao motivo do pecado: A moça desvia sua atenção da fonte de luz divina e a volta para seus desejos terrenos, mas isso também lança uma luz suspeita sobre nós, os espectadores, pois desde o início nós nos encontramos no papel do *voyeur*. Nós mesmos somos como a leitora da carta quando interpretamos a pintura, nós nos desviamos da fonte de luz divina e nos voltamos para a contemplação mundana.

Podemos deixar em aberto se a pintura pretende ser lida como incentivo para a superação dos desejos terrenos ou, o que também é totalmente possível, como crítica irônica a essa posição. No entanto, é quase que imperativo interpretar a análise intensa da relação entre luz e cor na pintura desde o Renascimento de tal forma que a realidade ordinária em que nós nos encontramos é transfigurada na pintura. A cor desdenhada pela revolução científica da Modernidade, denunciada como ilusão do nosso equipamento sensorial, torna-se na pintura moderna o portador verdadeiro do sentido da arte.

Sobre sentido e significado

O sentido da arte é que ela nos familiariza com a ambivalência do sentido. A arte nos mostra que os objetos se manifestam sempre e apenas em campos de sentido, e ela faz isso trazendo à manifestação os objetos juntamente com o sentido em que eles se manifestam. Precisamos explicar essa tese, e para isso precisamos primeiro nos aventurar por um pequeno desvio teórico. Vimos nos primeiros capítulos que existem diferentes campos de objetos, como, por exemplo, o campo de objetos da física e o campo de objetos da história da arte. Mas o que distingue esses campos de objetos? O que faz com que um campo de objetos seja especificamente este e não aquele?

Como já discutimos, podemos, apoiando-nos na teoria de Gottlob Frege, entender como "sentido" de uma expressão seu "modo de apresentação". Esse modo de apresentação pode ser bastante objetivo. A forma como um objeto se apresenta não depende apenas de como ele se apresenta a nós. O fato de que o Vesúvio se apresenta de forma diferente quando visto de Sorrento do que quando visto de Nápoles não depende do espectador, trata-se de um simples fato. A princípio, sentido nada tem a ver com as nossas associações ou imaginações que vinculamos a uma expressão. Se, por exemplo, eu pensar na cor azul ao ouvir a palavra "suricata", isso nada tem a ver com o sentido da expressão "suricata". "Significado" de uma expressão é, para Frege, o objeto ao qual a expressão se refere. O objeto pertence a um campo de objetos. Não temos acesso a esses campos de objetos se não entrar em jogo algum sentido.

Visto dessa forma, a situação parece sugerir, porém, que realmente existe um Vesúvio (o vulcão), que, por mero acaso, se apresenta assim em Sorrento e de outra forma em Nápoles. No entanto, não podemos contrapor dessa forma o sentido ao significado, ou seja, campos de sentido aos objetos e fatos que neles se manifestam. Isso suscitaria a impressão de que existe um único campo de objetos homogêneo (a realidade, a coisa em si que tudo abrange), ao qual nós temos acesso apenas por meio de diferentes modos de apresentação (nossa perspectiva). Mas essa impressão engana, pois o próprio sentido existe e ele é tão objeto quanto o fato de que o objeto pertence ao campo de objetos. É inerente aos objetos a qual campo de objetos eles pertencem. Faz uma diferença se minha escrivaninha pertence ao campo de sentido "imaginação" ou ao campo de sentido do meu escritório.

Por isso, precisamos dar um passo além e reconhecer não só que existe um sentido objetivo. E mais uma vez podemos acatar uma dica de Frege. Pois este introduz outra categoria além do sentido, uma categoria que ele designa como "iluminação" ou "coloração". Essa categoria se evidencia, por exemplo, na diferença entre "cão" e "vira-lata", que não representa uma diferença de sentido, mas de coloração. Vemos um cão de outra forma quando o xingamos de vira-lata. O cão se apresenta em outra luz.

Todos os objetos se manifestam de determinada forma, eles são dados de determinada forma. Tudo sempre se manifesta em determinada luz. Já que os objetos podem aparecer de muitas formas diferentes, eles pertencem também a campos de sentido diferentes. Aquilo que eu entendo como "sentido" inclui sempre também a "iluminação", a "fragrância" de uma expressão ou de um pensamento.

À primeira vista, poderíamos supor também que as obras de arte apresentam tantas interpretações que se torna impossível discutir sobre elas. Tudo parece depender apenas da impressão que elas suscitam em nós. Sob essa condição, não existiriam interpretações objetivamente válidas de um poema. Grande parte da ciência da literatura com suas interpretações de obras consistiria apenas da articulação de impressões subjetivas. Mas a simples existência de várias interpretações possíveis de uma poesia não significa que essas interpretações diferentes, que levam em conta também a iluminação, não sejam objetivas. Essa ambiguidade objetiva também não pode ser reduzida com uma referência à intenção do artista, que sempre é também ambivalente. As diferentes interpretações de uma poesia são seus sentidos diferentes. Esses sentidos incluem também uma contemplação especial da componente estética das obras de arte.

A maioria dos objetos se manifesta sem que seu modo de manifestação se manifeste também. Neste momento, um casal de fumantes passa na frente da minha janela. Eu não preciso estar ciente de *como* esse casal se manifesta. Podemos compreender muitos objetos sem o mínimo acesso a como os compreendemos. Os filósofos costumam pensar sobre como eles e outros pensam sobre algo, uma postura que chamamos de REFLEXÃO, o pensar sobre o pensar. Nessa postura, o que se manifesta não são apenas os objetos, mas sempre também o modo como eles se manifestam. De certa forma, deixamos de olhar diretamente para os objetos e de observar o que acontece em determinado campo de sentido, antes nos conscientizamos de que algo está acontecendo num campo de sentido e de como isso ocorre. Deslocamos a atenção dos objetos num campo de objetos para a individualidade do próprio campo. Assim, descobrimos seu sentido.

A arte nos confronta com sentido puro, o que não significa que não existem objetos ou uma realidade nela. A experiência de um confronto com sentido não ocorre apenas na arte e na filosofia. Um grande depósito de experiências são as viagens, não o turismo comum, que, na verdade, não representa uma viagem, mas apenas uma mudança de lugar para melhorar o ambiente climático ou para fotografar cartões postais. Numa viagem verdadeira experimentamos sempre certa medida de estranheza. Grande parte daquilo que as pessoas fazem num ambiente que nos é estranho nos parece estranho e até mesmo irracional. Precisamos tentar compreender essa conduta, o que significa que precisamos ir à procura do sentido de um campo de sentido em que nos encontramos. Em nosso ambiente familiar, porém, nós nos orientamos em primeira linha pelos objetos – nossos rituais e rotinas do dia a dia garantem uma administração fácil dos objetos e satisfazem nosso desejo pragmático de controlar nosso dia a dia. Os objetos não nos surpreendem com tanta facilidade com uma coloração ou iluminação inesperada, antes permitem um processamento automático.

O sentido da arte consiste em lançar uma luz estranha sobre algo que nos é familiar. A arte transporta uma narrativa para o palco, a filma, a enquadra, desenvolve uma sinfonia a partir de um acorde de forma até então inaudita ou verbaliza a língua inesperada de uma poesia. A arte nos surpreende com um novo sentido e ilumina os objetos a partir de uma perspectiva incomum. Muitos artistas reconheceram e investigaram isso a fundo.

O demônio da analogia

Como exemplo podemos usar uma pequena poesia de Stéphane Mallarmé, intitulada de *O demônio da analogia*[77]. Nessa poesia, uma oração absurda passa pela mente do narrador: "A paenultima está morta". Em latim, a *paenultima* é a penúltima sílaba de uma palavra, o que exerce uma função importante na arte da poesia, como todas as regras de acentuação em geral. A frase parece significar nada, poderíamos até achar que ela não tem sentido, o que é também a primeira suspeita do narrador, que se irrita com essa "farpa maldita de uma oração maldita"[78]. Então, vem-lhe ainda uma imagem

> de uma asa que acariciava as cordas de um instrumento, lenta e carinhosamente, por vezes, substituída por uma voz que, em melodia cadente, dizia as palavras: "A paenultima está morta", de forma que
> *A paenultima*
> encerrava o verso e
> *está morta*
> se destacava sem qualquer sentido no vácuo do significado[79].

---

77 Apud MALLARMÉ, S. *Gedichte*. Gerlingen, 1993, p. 166-171 [Francês e alemão, traduzido e comentado por Gerhard Goebel] [Agradeço a Wolfram Hogrebe por chamar minha atenção para essa peça].

78 Ibid., p. 167.

79 Ibid., p. 168s.

O narrador não consegue se livrar dessa frase, ele cambaleia pelas ruas até voltar a si na frente de um antiquário, que vende instrumentos musicais antigos. Nesse momento, ele repete a frase e vê que, nas paredes da loja, estão pendurados instrumentos musicais. Ele reconhece "no chão palmeiras ressecadas, e na penumbra enterravam-se asas de pássaros do passado"[80]. A impressão suscitada pela frase aparentemente absurda é assim objetivada e comprovada de forma surpreendente. O narrador descobre que uma ideia aparentemente absurda lhe revela uma verdade, considerada absurda até então pelo "seu espírito soberano"[81].

Há muito a observar nesse poema. O próprio narrador ressalta que ele ouve na palavra "paenultima" a sílaba "nul", que significa "zero". Para o narrador, a palavra tem o som (em francês) de "pé-*nul*-tième". A princípio, ele ouve apenas o disparate, o absurdo, o vácuo de significado. E é exatamente essa postura que Frege associa à arte da poesia, que ele considera uma sequência de imaginações sem significado, suscitada pela "fragrância" das palavras. O narrador designa essa situação com a frase "A paenultima está morta", que poderíamos muito bem interpretar como afirmação segundo a qual a poesia teria chegado ao fim. Pois o emprego correto da penúltima sílaba é uma das regras da métrica que um poeta latino precisa respeitar ao criar seus versos. Mas a impressão do absurdo, do vácuo de significado é suspensa, pois a realidade vem ao encontro da língua, o que a peça chama de "a irrupção irrefutável do sobrenatural"[82]. O sobrenatural é aqui o nome que Mallarmé dá à verdade[83]. Uma frase aparentemente sem qualquer sentido e significado se revela verdadeira, sendo que a

---

80 Ibid., p. 171.

81 Ibid.

82 Ibid.

83 Cf. HOGREBE, W. "Metafísica Povera". In: BORSCHE, T. & STEGMAIER, W. (orgs.). *Zur Philosophie des Zeichens*. Berlim/Nova York, 1992, p. 79-101.

verdade dessa oração transcende o estado psicológico do sujeito, que recebe essa frase como ideia repentina. Em Mallarmé, o acaso se torna portador de significado.

Com isso, ele chama atenção para uma condição fundamental da nossa percepção e do nosso pensamento, pois o acaso de alguma ideia passar pela nossa cabeça, que além de tudo ainda é verdadeira, acontece o tempo todo. Quando penso que está chovendo, e a chuva está realmente caindo, então a chuva me vem da mesma forma como o pensamento. Não produzimos os pensamentos conscientemente, como se estivéssemos posicionados por trás dos nossos pensamentos para então escolher o pensamento que desejamos pensar. O pensamento segundo o qual está chovendo é, de certa forma, extraído à força pela chuva, como o filósofo norte-americano Wilfrid Sellars o expressou certa vez[84]. Cada ideia é, no fim das contas, tão inexplicável quanto a "paenultima inexplicável"[85]. É sempre apenas posteriormente que nós ligamos nossos pensamentos, organizando dessa forma a economia das nossas convicções. Esse processo é orientado por muitas leis, também por algumas leis lógicas, mas nem sempre pensamos na forma de deduções lógicas. No entanto, isso não significa que as nossas imaginações simplesmente flutuam pelo ar sem qualquer significado, por vezes inspirados pela poesia, por outras disciplinadas pela lógica. A poesia é capaz de ser tão verdadeira quanto uma sentença matemática.

Uma diferença importante é que a poesia sempre fala também sobre si mesma. A poesia não trata apenas do objeto de suas palavras, mas também das próprias palavras. A poesia põe em xeque a própria língua, a poesia fala sobre a língua, ou melhor: sobre o encontro bem-sucedido entre língua e realidade. E é justamente isso que o poema de Mallarmé nos mostra.

---

84 SELLARS. *Der Empirismus und die Philosophie des Geistes*, p. 29.

85 MALLARMÉ. *Der Dämon der Analogie*, p. 171.

Reflexividade

Numa era do naturalismo precisamos redescobrir o sentido da arte. Apesar de todos nós irmos ao cinema, concerto ou museu, existe a tendência de ver a experiência estética apenas como entretenimento. Nesse caso, porém, a arte nada mais seria do que um estímulo nervoso, um modo específico de estimular nosso cérebro, nosso corpo humano. Essa visão é a consequência de uma generalização ilícita das nossas posturas científico-naturais. Nós nos observamos constantemente como que numa imagem de raio X, mas este nos apresenta sempre apenas um fantasma de nós mesmos e provém do campo de sentido das ciências naturais.

Em *O chiste e sua relação com o inconsciente*, Sigmund Freud fala não da iluminação ou da fragrância de uma expressão, mas do "acento psicológico", e desenvolve uma teoria das leis do deslocamento do acento psicológico, que parte do pensamento segundo o qual o inconsciente se manifesta por meio de sequências de som[86]. Um exemplo famoso de Freud é um paciente, o senhor E., que, quando criança, sofreu uma crise de medo quando tentou capturar um besouro preto (*Käfer*, em alemão)[87]. Durante a análise, Freud descobriu que sua primeira babá, pela qual ele sentia um afeto inconsciente, era francesa, o que o levou à sequência sonora: *"Que faire?"*, ou seja: "O que faço agora?" O senhor E. vinculou isso a um relato de sua tia segundo o qual sua mãe teria hesitado antes de seu casamento. A sequência sonora de *"que faire"* se parece com *"Käfer"*. O demônio da analogia transforma *"que faire"* em *"Käfer"*, o que permite ao desejo recalcado se manifestar na forma de uma fobia de besouros. No besouro cristalizam-se a amada, a mãe (também por meio da sequência sonora do *"Marienkäfer"* (joaninha), pois o nome de sua mãe é Marie) e – segundo a interpretação de Freud – o desejo de que sua mãe teria hesitado antes de casar-se com seu pai.

---

86 FREUD. *Der Witz und seine Beziehung zum Unbewussten*, p. 66.

87 FREUD, S. *Briefe an Wilhelm Fliess 1887-1904*. Frankfurt am Main, 1986, p. 316-317 [org. de Jeffrey Moussaieff Masson, carta de 29/12/1897].

Podemos ilustrar a tese de Freud também com a comédia *Salami Aleikum*, de Ali Samadi Ahadi. Já o título do filme mostra o que Freud imaginava. Na saudação árabe, à qual alude o título do filme *Salami Aleikum*, o "salami" é, evidentemente, substituído por "salam", que significa "paz". A paz cede seu lugar ao salame. Isso basta para nos dizer que o filme é uma comédia, pois a alusão de "salam" ao "salame" é engraçada, o título evoca um contraste incomum. Esse contraste domina também o conteúdo do filme, pois uma das tramas principais do filme conta como o filho de um açougueiro proveniente do Irã, que agora vive em Colônia, deve aprender o ofício do pai. O filho recebe a tarefa de produzir uma linguiça. Essa atividade de abate é contrastada com a proibição de matar, principalmente quando Moshen, o protagonista do filme, conhece Ana, que é vegetariana. Dessa forma, a paz e o salame se aproximam de forma surpreendente e se opõem de forma igualmente surpreendente. Assim, o filme prepara o solo para os outros contrastes na trama do filme – Alemanha Oriental *vs.* Alemanha Ocidental, Alemanha *vs.* Pérsia, homem *vs.* mulher, comunismo *vs.* capitalismo – por meio de um contraste cômico contido no título do filme. De certa forma, o humor infantil desperta o nosso inconsciente e nos permite falar sobre coisas que normalmente permaneceriam recalcadas.

Freud acredita que a piada, o chiste é capaz de deslocar o acento psicológico de uma palavra, o que nos permite fazer uma associação inconsciente, sobre a qual conseguimos rir. A piada confronta aquilo que costumamos recalcar, ela evidencia o nosso inconsciente, mas ao mesmo tempo disfarça esse processo, impedindo que ele ameace a nossa saúde psicológica. Se formos mais a fundo, descobrimos em todos os deslocamentos de acento o inconsciente, sobre o qual Freud disse que ele não segue à lógica racional, que se orienta pela coerência e pela determinação clara dos pensamentos para evitar contradições.

> Pois o infantil é a fonte do inconsciente, os processos inconscientes de pensamento são aqueles que foram produzidos exclusivamente na primeira

infância. O pensamento que, com a finalidade de produzir um chiste, submerge no inconsciente procurar ali apenas o antigo lar do jogo de palavras de então. Por um momento, o pensamento volta à fase infantil, para assim voltar a usufruir da fonte infantil do prazer[88].

O humor e a arte nos libertam, por meio do "prazer da liberdade do pensamento"[89], de coerções mentais, que nós impomos a nós mesmos por meio do autocontrole. Ele nos distancia dos objetos e nos revela seu sentido. De certa forma, ele nos confronta com um espelho, o que uma comédia crítica como *Salami Aleikum* aproveita de forma engenhosa. Pois o filme trata dos muitos preconceitos complexos diante de outras formas de pensamento e de outras culturas. Preconceitos, porém, nada mais são do que campos de sentido enrijecidos, que nós podemos questionar com os recursos da arte e do humor.

Numa obra de arte jamais vemos apenas um objeto, mas sempre um ou muitos objetos, que se manifestam juntamente com seu sentido. Obras de arte são campos de sentido reflexivos, neles se manifestam não só os objetos (como em todos os outros campos de sentido), neles se manifestam os objetos como objetos num campo de sentido. Os objetos da arte se manifestam na arte juntamente com seu sentido – e isso em inúmeras variações.

Vejamos dois exemplos: *Quadro negro sobre fundo branco*, de Malevich, e *Leitora à janela*, de Vermeer. À primeira vista, que essas obras de arte nada têm em comum. A pintura de Vermeer é concreta, a de Malevich, porém, é totalmente abstrata. A pintura de Vermeer é colorida, Malevich por sua vez se recusa às cores com seu plano negro. A arte abstrata parece não ter objeto. Mas como podemos então afirmar que ela representa um campo de sentido reflexivo, no qual se manifesta um objeto juntamente com seu sentido? E em que consiste a reflexividade em Vermeer?

---

88 FREUD. *Der Witz und seine Beziehung zum Unbewussten*, p. 183.

89 Ibid., p. 140.

Comecemos com uma observação simples: A pintura de Malevich possui um objeto. Mostra um objeto absolutamente comum, um quadrado negro sobre fundo branco. Antigamente, porém, esperava-se outra coisa da arte, sobretudo a representação de objetos humanamente relevantes. Malevich frustra certa postura de expectativa e demonstra justamente assim como os objetos se manifestam. Pois todos os objetos se manifestam sobre um fundo, sobre o fundo de seu campo de sentido. Isso se evidencia claramente no caso do sentido da visão, pois em virtude de sua espacialidade ele se presta perfeitamente à metáfora dos primeiro e segundo planos. Neste momento, vejo uma garrafa de água sobre a minha escrivaninha. Esta se manifesta sobre o fundo da minha escrivaninha, cujos outros objetos estão difusamente presentes quando eu olho para a garrafa de água. O pano de fundo, porém, jamais se apresenta de forma desobstruída. Pois quando me concentro no pano de fundo da garrafa de água (a escrivaninha), este também passa a possuir um pano de fundo – meu escritório, por exemplo –, que é obstruído pelo novo primeiro plano.

Evidentemente, posso agora concentrar-me em meu escritório, mas nesse caso este também passa a apresentar um pano de fundo, do qual ele se destaca. Por isso, foi quase um golpe de gênio quando os romanos introduziram a palavra "existência", que significa "destacar-se", "passar para o primeiro plano". Tudo o que existe se destaca de um pano de fundo, que jamais pode se destacar; no máximo, consegue transformar-se em novo primeiro plano se voltarmos nossa atenção para ele.

É exatamente esse vai e vem que Malevich demonstra em sua forma mais pura. É por isso que ele pinta um quadrado negro sobre fundo branco. Primeiro, nós nos concentramos no quadrado negro, e à primeira vista chegamos até a crer que não se trata de um objeto, pois consideramos a obra abstrata e, portanto, sem objeto. Depois percebemos que o quadrado negro se destaca de um pano de fundo. Agora, podemos nos concentrar no pano de fundo, que, nesse mesmo momento, se transforma em primeiro plano de um novo pano de fundo.

Em seus escritos teóricos – principalmente em *Suprematismo – o mundo sem objeto* –, Malevich demonstra claramente que precisamos ir um passo além. Não podemos parar por aqui, nesse vai e vem entre primeiro e segundo planos. O próximo passo consiste em reconhecer que o mundo no qual nós nos movimentamos quando contemplamos o quadro negro sobre fundo branco (a obra de arte) é o pano de fundo do qual a obra de arte se destaca. O próprio vai e vem entre primeiro e segundo planos, representado pela obra de Malevich, destaca-se na forma de uma obra de arte do pano de fundo do mundo no qual nós nos encontramos quando contemplamos a obra.

Nós ignoramos esse mundo quando contemplamos a obra de arte. Quem, porém, perde o seu objeto não é obra de arte, como poderíamos supor quando falamos de "arte abstrata", mas o mundo no qual nós nos encontramos como apreciadores da arte. Pois esse mundo passa completamente para o segundo plano e assim é ofuscado como desconhecido e não observado. Malevich considera esse esvaziamento do mundo um efeito importante de sua pintura, efeito este que alcançamos apenas quando compreendemos que a obra aparentemente sem objeto é uma obra sobre a natureza do objeto que se interpõe a nós e o mundo.

> Tudo isso acontece porque o mundo é desconhecido ao ser humano. Se o ser humano compreendesse o mundo, não existiria nada disso, e o ser humano nem precisaria formar uma concepção do mundo. Nós tentamos o tempo todo definir o desconhecido e transformar cada fenômeno em um "algo" compreensível, enquanto o sentido verdadeiro se encontra no oposto: Todo "nada" se levantou contra todo "algo". O que era "nada" se torna "tudo", e todo "algo" se transformou em "nada" e permanece "nada"[90].

Normalmente, nós não nos ocupamos com o mundo, mas com objetos. Nem mesmo costumamos nos ocupar explicitamente

---

90 Cf. MALEVICH, K. *Suprematismus – Die gegenstandslose Welt.* Colônia, 1962, p. 232.

com a localização dos objetos em seus respectivos campos de sentido, simplesmente nos deparamos com objetos. Por isso, os objetos se interpõem a nós e o mundo, eles ocultam seus campos de sentido como também o fato decisivo de que o mundo não existe. E é por isso que acreditamos que o mundo existe – um equívoco do qual a arte nos liberta.

No fim das contas, tudo se destaca de um pano de fundo, enquanto este não se destaca. Quando nos conscientizamos disso, acompanhando, por exemplo, o raciocínio da obra de Malevich, nós compreendemos que o mundo não existe. O pano de fundo último, do qual tudo se destaca, não existe. O *Quadro negro sobre fundo branco* nos mostra simbolicamente que cada objeto se manifesta em um campo de sentido, enquanto o próprio pano de fundo dessa ocorrência não se manifesta. Por isso, o mundo ordinário não ocorre no suprematismo de Malevich. Apenas assim ele consegue obter o efeito pretendido do esvaziamento do mundo. Ele nos livra da crença de que existe um campo de sentido que tudo abarca, no qual precisamos integrar tudo. Ele supera a mania de integrar, que se evidencia quando pressupomos que existe uma única ordem conceitual à qual tudo o que existe precisa se subordinar.

Diversidade

Essa coerção mental é tematizada também em *Salami Aleikum* ou no *Massacre da serra elétrica alemão*, de Schlingensief. Por isso, os dois filmes são também uma crítica certeira à ideia da integração, pois mostram que não existe uma sociedade alemã homogênea na qual poderíamos integrar qualquer pessoa. Nossa sociedade não é um bloco social, no qual todos são iguais e do qual se excluem alguns supostos estranhos ou estrangeiros. Não existem apenas diferenças significativas entre o leste e o oeste da Alemanha – cada estado, cada cidade tem suas próprias características. Além disso, existem na nossa sociedade também subculturas, camadas geracionais e grupos sociais. A sociedade é sempre também uma diversidade colorida de perspectivas. Não é uma unidade à qual deveríamos integrar pessoas supostamente estranhas.

O reconhecimento do fato de que outras pessoas pensam e vivem de forma diferente é o primeiro passo em direção à superação de uma coerção mental que pretende abarcar tudo. É por isso que a democracia se opõe ao totalitarismo, pois ela consiste do reconhecimento de que não existe uma verdade última, mas apenas um gerenciamento de perspectivas, que precisa ser realizado pela política. O pensamento democrático fundamental da igualdade de todos os seres humanos afirma, entre outras coisas, que somos iguais também no fato de vermos as coisas de formas diferentes. Por isso temos um direito à liberdade de opinião. Isso, porém, não significa que todas as perspectivas são igualmente boas ou igualmente verdadeiras. É por isso que nós discutimos e debatemos, é por isso que nos dedicamos à ciência e à arte: para descobrir quais caminhos são viáveis e quais precisam ser evitados.

O esvaziamento do mundo praticado pela arte e voltado para a liberdade consiste no reconhecimento dos objetos em seus contextos, não no isolamento e na crença de que eles não apresentam contrastes, limitando-se a uma mera existência. Nada existe simplesmente, mas tudo ocorre de formas diferentes e particulares em campos de sentido. O quadrado negro se manifesta num campo de sentido que se manifesta na pintura. A própria pintura enquadra seus objetos, e essa moldura indica que esses objetos ocorrem em determinado campo de sentido.

Nesse contexto é notável também que Vermeer enquadra a cena da leitora explicitamente também dentro da pintura de várias maneiras. A pintura está repleta de molduras e enquadramentos: a janela aberta, pela qual a luz invade a cena; a moldura da janela, que, por sua vez, consiste de várias janelinhas, nos quais vemos o reflexo do rosto da leitora, a moldura da pintura, ressaltada pelo fato de estarmos olhando para uma cena emoldurada que poderia ser ocultada pela cortina aberta. E também a carta é, de certa forma, uma moldura, dentro da qual se manifesta um texto, e também o prato de frutas é uma moldura, dentro da qual se manifestam as frutas.

A descoberta da diversidade de perspectivas é uma conquista do Barroco, e ela ocupa o centro da filosofia de Georg Wilhelm Leibniz. Em sua obra *A monadologia*, ele afirma que existe um número infinito de perspectivas, mas que todas harmonizam umas com as outras. Em uma passagem famosa, Leibniz escreve:

> E assim como uma mesma cidade, observada de diferentes lados, parece outra e se *multiplica em perspectivas*, assim ocorre também que, pela quantidade infinita de substâncias simples, existe um número igual de universos diferentes, os quais, mesmo assim, são as perspectivas diferentes de um só, segundo os diferentes *pontos de vista* de cada mônada[91].

Não podemos esquecer que perspectivas não são meras opiniões. A perspectiva visual é uma estrutura objetiva, cujas leis matemáticas passam a ocupar o centro da pintura do Renascimento e que então, no Barroco, levam a uma pluralidade radical e à descoberta de métodos matemáticos modernos que permitem o cálculo com o infinito matemático. No Barroco, o mundo se torna infinito, ele se desdobra em um número infinito de enquadramentos. Esse pluralismo de perspectivas se torna visível na pintura de Vermeer.

Por um lado, a Modernidade com suas grandes revoluções científicas dos últimos quinhentos anos avançou a impressão da "legibilidade do mundo", como Hans Blumenberg demonstrou em estudos extensos[92]. Por outro lado, evidenciou-se já no início da Idade Moderna que o progresso científico multiplica também as perspectivas sobre o mundo, de forma que se torna mais difícil determinar quais perspectivas devem ser favorecidas. Isso leva à descoberta do infinito em muitas áreas, e podemos até dizer que ainda estamos trabalhando para alcançar um pensamento suficientemente grande que seja capaz de fazer jus ao infinito. Pois não

---

91 LEIBNIZ, G.W. *Monadologie*. Stuttgart, 1998, § 57.

92 Cf. BLUMENBERG, H. *Die Legitimität der Neuzeit*. Frankfurt am Main, 1996. Cf. esp. BLUMENBERG, H. *Die Lesbarkeit der Welt*. Frankfurt am Main, 1986.

existe apenas um número infinito de objetos, mas também um número infinito de perspectivas sobre um número infinito de objetos.

Precisamos ressaltar aqui mais uma vez que nem todas as perspectivas são verdadeiras. Nós nos equivocamos, por exemplo, quando atribuímos objetos a campos de sentido inadequados. O equívoco também é um campo de sentido, o que não significa que ele não existe. O PERSPECTIVISMO é a tese segundo a qual existem diversas perspectivas sobre a realidade. Isso já parte do pressuposto de que existe uma única realidade, à qual todas as perspectivas se referem. Existem o perspectivismo objetivo e o perspectivismo subjetivo. O *perspectivismo objetivo* supõe que as perspectivas são objetivas e que elas não representam distorções da realidade. O *perspectivismo subjetivo*, por sua vez, vê as perspectivas como um tipo de ficção que nós criamos para nós mesmos para melhorar nossas chances de sobrevivência. Ele vê as perspectivas como "mentiras no sentido extramoral", como Nietzsche o chamou[93].

Ambas as opções devem ser refutadas por uma variedade de razões. O perspectivismo objetivo tem uma *fé excessiva* na capacidade das perspectivas de serem verdadeiras, pois define as perspectivas como referências a uma realidade aperspectívica. O perspectivismo subjetivo, por sua vez, *subestima* a capacidade das perspectivas de serem verdadeiras, pois vê todas elas como véus que ocultam a realidade. Ambas as posições representam uma compreensão unilateral e desequilibrada a partir do ponto de vista humano, enquanto a ontologia dos campos de sentido compreende as perspectivas humanas como fatos ontológicos. Já que o mundo não existe, existe um número infinito de campos de sentido, nos quais nós nos encontramos e entre os quais nós criamos transições. Nós produzimos novos campos de sentido a partir daqueles que encontramos. Essa produção não é uma criação a partir do nada, mas apenas mais uma mudança de campos de sentido. Os seres

---

[93] NIETZSCHE, F. "Über Wahrheit und Lüge im aussermoralischen Sinne". *Kritische Studienausgabe*, vol. 1, p. 873-890.

humanos são indivíduos. Mas também os campos de sentido que eles compartilham são individuais. Por isso, nós não nos limitamos a nós mesmos, nem mesmo à nossa consciência. Vivemos juntos em um número infinito de campos de sentido, que sempre tentamos compreender de forma nova. Que mais poderíamos querer?

VII
Posfácio

Televisão

Parece fazer parte da nossa constituição biológica o fato de confiarmos muito em nosso sentido de visão. No cânone dos cinco sentidos, inventado pelos filósofos gregos, principalmente por Aristóteles em seu escrito *Sobre a alma* – visão, paladar, tato, olfato e audição –, destaca-se, sob o ponto de vista evolucionário, o sentido da visão. Como sentido de distância, a visão nos permite determinar as características decisivas de um objeto para a nossa sobrevivência sem a necessidade de nos aproximarmos demais dele. Nesse sentido, podemos dizer que é uma homenagem e uma expressão de reconhecimento o fato de chamarmos uma atividade humana de "televisão". A televisão representa um modo fundamental da apropriação do mundo.

Os noticiários da TV gostam de falar sobre guerras e cenários de terror, ou sobre conquistas atléticas quase sobre-humanas e sobre a meteorologia porque assim eles podem evidenciar não só nossa distância agradável em relação ao noticiado, mas também nosso controle sobre aquilo. Felizmente, a guerra costuma acontecer em outro lugar, pelo menos quando tivermos o ócio de contemplá-la na TV. Evidentemente, a aparência engana muitas vezes, como muitos críticos das mídias não se cansam de ressaltar. Mesmo assim permanece notável o fato de termos criado com a TV uma máquina de distanciamento altamente eficaz, que supera em muito o museu, o teatro ou o cinema. E também o rádio só é ligado quando somos impedidos de assistir à TV, por exemplo, no carro.

Por isso, não deveríamos nos surpreender com o fato de que, no nosso século, o seriado televisivo se transformou em mídia ideológica central. O filme clássico não consegue, por muitas razões, oferecer aquilo que os chamados "seriados de qualidade" oferecem e que viciam seus espectadores como se fossem drogas. Muitos seriados refletem e até mesmo encenam essa relação conscientemente quando tratam explicitamente do tráfico de drogas – como, por exemplo, os seriados *Sopranos, The Wire, Breaking Bad* ou *Boardwalk Empire*. Os *Sopranos* nos viciam, da mesma forma como seus protagonistas são viciados em mulheres, heroína ou simplesmente em boa comida e vinho. Um seriado pode se estender por mais de 80 horas, um espaço enorme para o desenvolvimento narrativo de um personagem, razão pela qual muitos comparam os *Sopranos* a um romance grosso, como, por exemplo, *À busca do tempo perdido*, de Proust[94].

Seriados de sucesso inteligentes como *Seinfeld, Os Sopranos, Breaking Bad, Mad Men, Curb Your Enthusiasm, The Wire, The Office* ou *Louie* contêm alguns dos diagnósticos mais profundos e extensos do nosso tempo, eles são espelhos do nosso tempo, o que alguns seriados tematizam explicitamente, como, por exemplo, a minissérie britânica *Black Mirror*, que realmente é um espelho sombrio da realidade midiática atual. Já no primeiro episódio o primeiro-ministro britânico é obrigado a fazer sexo com um porco – publicamente e na TV.

Evidentemente, a televisão como mídia, que teve suas próprias possibilidades reconstruídas em filmes como *The Artist* ou que ainda empreende um grande diagnóstico do nosso tempo como em *Cosmópolis*, de David Cronenberg, ainda não está completamente superada. No entanto, sobretudo os seriados televisivos norte-americanos se tornaram ideologicamente decisivos. Eles refletem e definem em grande parte como nós compreendemos a nós mesmos e o nosso mundo, cunham e impregnam nosso senso de comédia, nosso *sense of humour*.

---

94 Cf. DIEDERICHSEN. *The Sopranos*, mais ou menos, p. 52.

E também na Alemanha a risada entrou em moda, mesmo que o nosso único seriado que se aproxima de algo que possamos chamar de qualidade, *Stromberg*, que nada mais é do que uma cópia da ideia de *The Office*. Estamos longe de ser líderes de mercado. Os alemães ainda gozam da fama de um povo muito sério. O filósofo Simon Crichtley, de Nova York, que escreveu um livro *Sobre o humor*, recentemente se queixou – com uma risada irônica – de que os alemães riem demais, o que provocou uma risada no contexto da nossa conversa[95]. O líder é, sem dúvida alguma, a "indústria cultural" norte-americana. Nela possamos talvez até reconhecer o segredo do sucesso dos Estados Unidos, cuja indústria cultural exerce uma influência decisiva sobre nosso modo de ver o mundo desde a Segunda Guerra Mundial. A dominação midiática garante o *status* de vencedor após a Guerra Fria de modo muito mais eficaz do que qualquer primazia econômica: O controle da imagem do mundo é um fator de poder central num mundo globalizado.

Os seriados mencionados falam do nosso tempo, eles se apresentam com uma pretensão de verdade enorme, mostrando-nos a realidade social em toda sua diversidade, mas sempre sugerindo também que cada um precisa lutar por seu lugar, seja com humor ou violência. Diedrich Diederichsen diz nesse sentido que o próprio dia a dia é representado como contexto ameaçado, o que se deveria à suposta sociedade do medo norte-americana, que incentiva seus cidadãos a continuar na luta por meio de cenários implícitos e explícitos do fim do mundo[96].

A show about nothing

A televisão levanta uma pergunta antiga de forma nova: O que é mais adequado: Descrever nossa vida como tragédia ou como comédia (ou apenas como farsa)? As análises existenciais

---

95 CRICHTLEY, S. *Über Humor*. Viena, 2004.

96 Cf. DIEDERICHSEN. *The Sopranos*, mais ou menos, p. 52.

dos nossos seriados preferidos concordam com pensamentos filosóficos que nos são familiares?

Heidegger e outros existencialistas como Kierkegaard descrevem nossa existência mais como tragédia do que como comédia. Com sua obra principal *Ser e tempo*, Heidegger tentou nos convencer de que, no fundo, nós somos um "ser para morte". Nós manifestamos autenticidade ou propriedade (*Eigentlichkeit*), nas palavras de Heidegger, se contemplarmos todo momento à luz de nossa morte iminente. "Viva como se, na verdade, já estivesse morto!" não é, porém, aos meus olhos, um conselho muito bom (o que podemos ver também no seriado *Breaking Bad*, onde o protagonista moribundo se perde num lamaçal de drogas e violência). Kierkegaard afirmava que nós estamos necessariamente atolados em "desespero", "pecado" e "medo". Isso corresponde mais ou menos ao diagnóstico de Lars von Triers em seu filme *Melancolia*, onde um planeta estranho colide com a Terra – o filme descreve os últimos momentos antes da extinção da humanidade. No entanto, precisamos acrescentar aqui que Lars von Triers vincula essa perspectiva ao sadismo. Pois a protagonista sombria e depressiva de *Melancolia* se chama Justine (representada por Kirsten Dunst), que é uma alusão a uma obra homônima do Marquês de Sade[97].

Não precisamos contagiar-nos com a depressão existencialista, mesmo que represente um perigo, que já conhecemos na forma do "niilismo moderno." Nos *Sopranos*, apenas Anthony Junior cai vítima dela, que, após vários desvios, apela a Nietzsche e Sartre para fazer uma tentativa desajeitada de suicídio, que, na verdade, tem motivos bem diferentes do que seu existencialismo adolescente. A miséria existencialista nos assalta quando esperamos algo da vida que não existe, i.e., imortalidade, felicidade eterna e uma resposta a todas as nossas perguntas. Se esta for nossa abordagem à vida, seremos decepcionados. É simples assim.

---

97 FRANÇOIS DE SADE. D.A. *Justine oder das Unglück der Tugend*. Gifkendorf, 1990.

Seinfeld, o grande sucesso de Jerry Seinfeld, que iniciou uma nova era dos seriados, declara guerra a essa postura de expectativa (e à decepção inevitável). O seriado popular foi ao ar entre 1989 a 1998 em nove temporadas. Ele tem sido chamado de auge da Pós-modernidade, pois aparentemente brinca com a aleatoriedade total atribuída à Pós-modernidade.

Sem entrar em detalhes de episódios individuais, podemos lembrar aqui a estrutura básica de *Seinfeild*. Um grupo de amigos de Nova York se reúne em torno do comediante Jerry Seinfeld e discute experiências absurdas em sua realidade social, dentre as quais se destaca uma incapacidade notória de assumir um compromisso. Todos os relacionamentos são soltos e de difícil manutenção. No fundo, essa é a única coisa que mantém os protagonistas Jerry, Kramer, Elaine e George unidos. Dentro do seriado, George tem a ideia de lançar um *show* que trate de seu dia a dia. Ou seja: Dentro do *show*, os protagonistas têm a ideia de gravar o *show*. George tenta vender o *show* aos possíveis produtores como um *show* sobre nada, um *show about nothing*. A série não trata de nada. Essa afirmação é feita dentro do seriado. Um *"show"* é, traduzido literalmente, um "mostrar". *Seinfeld* mostra que ele não mostra nada além de si mesmo. Nada mais importa, não existe um significado oculto mais profundo. O significado, o sentido de tudo já se encontra na superfície. Assim, o seriado se volta contra a metafísica que supõe uma realidade verdadeira por trás do mundo no qual vivemos, seja esta a realidade da física ou qualquer outra verdade mística. Mesmo assim, tudo tem um sentido, que se revela no próprio *show*. Por isso, o *show* é seu próprio conteúdo. Ele não remete a algo além de si mesmo, mas gira apenas em torno de si mesmo (como também todos os personagens um tanto narcisistas). *Seinfeld* é um seriado que grava a si mesmo, pois até mesmo seus produtores aparecem nele como personagens.

O outro produtor de *Seinfeld*, Larry David, produziu outro seriado após *Seinfeld*, intitulado de *Curb Your Enthusiasm*. *Curb Your Enthusiasm* dá um passo decisivo além de *Seinfeld*, pois esse *show* não só trata de nada, mas fala também sobre como Larry, um dos autores do *show* sobre nada, tenta dar sentido ao seu dia a dia. Dentro do *show* ele tenta reconquistar sua esposa, que o abandonou, gravando uma nova temporada de *Seinfeld*. Dentro de um *show*, então, que trata de um produtor de um *show* sobre nada, ele grava uma temporada desse *show* sobre nada que nunca foi gravada fora desse *meta show*.

Os personagens não são simplesmente lançados num *show* sobre nada, sobre o qual eles (e nós, os espectadores) podemos rir. Evidencia-se também que eles mesmos produzem esse *show*. Larry David acrescenta à autorreferencialidade de *Seinfeld* o fato de que nós mesmos somos os senhores de nosso destino, que nós mesmos o produzimos, enquanto os personagens de *Seinfeld* nada mais são do que vítimas de si mesmos, como os heróis de uma tragédia grega. Eles são engraçados e conseguem rir de si mesmos e de todos os outros, mas eles não conseguem desenvolver uma postura moral que lhes permitisse relativizar sua autorreferencialidade. Apenas *Curb Your Enthusiasm* tematiza o espaço social, a sociedade, como aquele espaço no qual os centros de autorreferencialidade se chocam uns contra os outros e são obrigados a conviver.

Não basta, portanto, rir sobre a autorreferencialidade. Se apenas rirmos sobre o fato de sermos seres espirituais, obrigados a inventar a si mesmos e que se encontram na situação ontológica infinitamente sobreposta e encaixada descrita neste livro, não alcançamos a *risada libertadora*, mas apenas uma *risada desesperada*.

Poderíamos então dizer que precisamos chegar do ser (*Sein*) a *Seinfeld*, e de lá a *Curb Your Enthusiasm*. A pergunta é de que modo nós podemos ver nossa vida – nossa vida coletiva e social – como comédia sem que ela perca o seu sentido.

Os sentidos...

Nem toda risada supera o niilismo, como demonstra o seriado *Louie* contra *Curb Your Enthusiasm*. Como já *Seinfeld*, *Louie* também trata da vida de um comediante de Nova York, Louis C.K. O seriado se desdobra em analogia consciente a *Curb Your Enthu-*

siasm, cuja autoridade Louie solapa. Larry David comete uma gafe após a outra quando aponta convenções sociais e as tenta mudar – e, às vezes, as consegue mudar. Louie, porém, fracassa e se depara com a pior situação possível. Ele é estuprado várias vezes, fracassa terrivelmente no amor e vive um terror diário: Ele conhece uma criança gorda que só come carne crua e defeca em sua banheira e ele causa a decapitação de um sem-teto no trânsito de Nova York. Após Louie empurrar o sem-teto, este cai na rua e é atropelado por um caminhão, e sua cabeça atravessa a rua quicando, o que é uma violação evidente de todas as regras estéticas. Este é o princípio do humor de Louis C.K., de dar o último passo que ultrapassa os limites, mostrando-nos assim a face feia do humor de Larry David.

Evidentemente poderíamos encher uma biblioteca com estudos sobre o espírito do nosso tempo em seriados de TV. Ignorá-los como entretenimento de massas pela indústria cultural seria um crime intelectual, e todo teórico crítico deveria pensar duas vezes antes de cometê-lo. Certamente subestimaríamos a questão toda se reduzíssemos os seriados a seu caráter manipulador, reproduzindo assim a antiquada distinção entre cultura séria e cultura de entretenimento.

Aqui, porém, quero tratar de outra pergunta, uma pergunta vinculada ao sucesso do seriado e à função da TV. A pergunta é: Como os campos de sentido se relacionam aos nossos sentidos? E essa pergunta pode nos ajudar a extrair alguma resposta à pergunta sobre o sentido ou a falta de sentido da nossa vida?

Comecemos com um diagnóstico bastante evidente. Estamos acostumados a acreditar que nós temos cinco sentidos: visão, audição, tato, paladar e olfato. Outros animais têm outros sentidos, e em determinados animais os nossos sentidos foram desenvolvidos de modo diferente. Até aí, tudo bem. Mas quem nos diz que nós temos apenas cinco sentidos? E o que é "sentido"? Como já mencionamos, a divisão dos nossos sentidos remete à filosofia grega da Antiguidade, principalmente ao livro *Sobre a alma*, de Aristóteles. Aristóteles contrapõe (como já Platão antes dele) o pensamento aos sentidos. Seu raciocínio afirma que o pensamento coordena os nossos diversos sentidos e os remete a um objeto homogêneo. Quando vejo, toco, cheiro e degusto um sorvete, meu pensamento me diz que tudo isso diz respeito a um mesmo objeto. Mas por que o próprio pensamento não seria também um sentido? Por que o pensamento é contraposto aos sentidos (e, portanto, ao corpo como um todo)?

É bastante curioso que hoje reconhecemos a validade de pouquíssimas descobertas científicas de Aristóteles, mas que, por outro lado, interiorizamos tanto justamente os fundamentos de seu livro sobre a alma que ainda interpretamos nosso acesso ao mundo das coisas ao modo de Aristóteles. Existem alternativas. Alguns filósofos indianos da Antiguidade interpretaram o pensamento ou o espírito como um sentido entre outros.

Nesse contexto, podemos compreender um *sentido* como um acesso à realidade capaz de nos transmitir uma verdade e, portanto, também um equívoco. É isso que queremos expressar quando compreendemos a visão ou o olfato como sentido. Temos acesso a uma realidade, ao mundo da visão, ao mundo do olfato de tal forma que também inclui a possibilidade de um equívoco. Essa coisa tem o cheiro de ração de cachorro, mas é, na verdade, um frango cozido; esse tecido passa a impressão de ser seda, mas é apenas uma imitação.

Como essa compreensão ampliada dos nossos sentidos se relaciona à ontologia dos campos de sentido? A resposta é tão óbvia quanto surpreendente. Nossos sentidos não são subjetivos. Eles não se encontram por baixo ou em nossa pele, mas são estruturas objetivas nas quais nós nos encontramos. Quando ouvimos alguém bater à porta, percebemos uma estrutura objetiva e não uma impressão sensorial, que se encontra dentro do nosso corpo. Pois ninguém bate dentro do nosso corpo, mas à porta. O homem não está preso em seu crânio nem em sua alma. A fisiologia ordinária dos sentidos ou a antiga teoria da alma, que infelizmente nos determina até hoje, nos trata como se todos nós sofrêssemos de uma síndrome de confinamento, como o protagonista no filme *O escafandro e a borboleta*, de Julian Schnabel, ou no clássico filme antiguerra *Johnny vai à guerra*. Mas nossos sentidos não estão "dentro da nossa cabeça", como Hilary Putnam escreveu certa vez sobre o significado de expressões linguísticas[98].

Repito: Quando vejo como passageiros embarcam num trem, eu vejo passageiros, não representações mentais. Portanto, meu sentido de visão precisa ser real, ele não pode ser exterior àquilo que ele vê. Isso vale também para o nosso senso de orientação. Este também se orienta em meio à realidade, em meio aos infinitos campos de sentido, produzindo ele mesmo um campo de sentido, um caminho para atravessar o infinito. E nosso pensamento se estende ainda muito mais e muito além de qualquer sentido de visão, pois o pensamento é capaz de se ocupar com o próprio infinito. Por isso, a TV combina nos seriados de qualidade o nosso sentido de distância, a visão, com nosso pensamento. Por meio do sentido de visão, somos levados para além dele sem que o percebamos, o que também permite à TV exercer sua função manipuladora.

Nós reconhecemos tudo por meio de um sentido. O sentido não se encontra dentro do nosso corpo, ele está tanto "lá fora", "na realidade", quanto os ratos ou as árvores. Isso significa que precisamos contemplar de forma crítica a posição do nosso sentido de visão. Pois tradicionalmente imaginamos nossa localização no mundo como se estivéssemos dentro de um enorme recipiente espaçotemporal, cuja extensão podemos determinar por meio das condições de luz, por meio de outras radiações de frequências invisíveis e principalmente por meio de experimentos mentais. Um experimento mental, como os famosos experimentos mentais, não consiste apenas de representações mentais. Experimentos mentais realmente funcionam. Quando descobrimos fatos complexos por meio de um experimento mental, nós recorremos ao nosso sentido de pensamento, que, como todos os outros sentidos, possui a capacidade de ser verdadeiro e também é suscetível ao engano.

---

98 PUTNAM, H. *Die Bedeutung von "Bedeutung"*. 3. ed. Frankfurt am Main, 2004.

Sempre estamos desbravando um caminho pelo infinito. Tudo o que nós reconhecemos são recortes do infinito, que não existe como um todo ou como superobjeto. Existe uma explosão infinita de sentido, da qual participamos, porque nossos sentidos se estendem virtualmente até os cantos mais remotos do universo e até os eventos mais fugazes no microcosmo. Assim que reconhecemos isso, somos capazes de refutar o pensamento segundo o qual nós seríamos apenas formigas no nada. No entanto, todos nós precisamos morrer – pelo menos é o que tudo indica no momento em que escrevo estas linhas. E ninguém duvida que existem muitos males e sofrimentos absurdos e desnecessários. Mas reconhecemos também que tudo pode ser diferente do que aparenta ser, simplesmente, porque tudo o que existe se manifesta ao mesmo tempo em um número infinito de campos de sentido. Nada é apenas como nós o percebemos, mas infinitamente mais – um pensamento consolador.

A TV pode nos libertar da ilusão da existência de um único mundo que tudo abarca. Num seriado ou num filme podemos desenvolver diferentes perspectivas sobre uma situação. Ao contrário do teatro, nós não nos encontramos em frente a um palco que nos obriga a reconhecer a pessoa presente na sala como representação de uma figura que não é idêntica com o ator. Pois podemos ver um filme também quando o ator que representa a figura não existe mais. Um filme é, num sentido radical, um *"show* sobre nada", um confronto com a multiplicidade de possibilidades de interpretações, que transcende a ideia fixa que postula um único mundo, no qual tudo ocorre e que determina o que é real e o que é fictício. Reconhecer a multiplicidade de perspectivas reais e existentes é justamente a essência da liberdade moderna (e dos seriados modernos), que não aposta numa homogeneização desnecessária.

A notícia de que o mundo não existe é, portanto, uma notícia boa. Pois isso nos permite encerrar nossas reflexões com um sorriso libertador. Não existe um superobjeto ao qual estaríamos sujeitos enquanto vivermos, antes estamos todos emaranhados em infinitas possibilidades de nos aproximar do infinito. Pois apenas assim é possível que tudo aquilo que existe realmente exista.

...e o sentido da vida

A ontologia dos campos de sentido é minha resposta à pergunta sobre qual é o "sentido do ser", para citar uma formulação famosa de Heidegger. O sentido do ser, o significado do termo "ser" ou de "existência" é o próprio sentido. Isso se revela no fato de que o mundo não existe. A não existência do mundo provoca uma explosão de sentido. Pois tudo só existe porque tudo se manifesta num campo de sentido. Já que não pode existir um campo de sentido que abarque tudo, existe um número ilimitado de campos de sentido. Os campos de sentido não estão todos conectados entre si, caso contrário o mundo existiria. As relações entre os campos de sentido que nós observamos e produzimos existem sempre apenas em novos campos de sentido. Não podemos escapar ao sentido. O sentido é, de certa forma, o nosso destino, sendo que esse destino afeta não só nós, os seres humanos, mas tudo o que existe.

A resposta à pergunta pelo sentido da vida se encontra no próprio sentido. O fato de existir sentido em medida infinita, que nós podemos reconhecer e mudar, já é o sentido em si. Ou para expressá-lo de forma ainda mais clara: O sentido da vida é a vida, a ocupação com o sentido infinito, da qual felizmente podemos participar. Evidentemente, isso nem sempre nos deixa felizes. Existem infelicidade e sofrimento desnecessário, sim, e isso deveria nos incentivar a repensar a existência humana e a nos aprimorar moralmente. É, porém, importante adquirir clareza sobre a nossa situação ontológica, pois o ser humano se transforma sempre também no contexto daquilo que ele considera ser a estrutura fundamental da realidade. O próximo passo consiste em desistir da busca por uma estrutura universal e, em vez disso, tentar compreender melhor – sem preconceitos e com mais criatividade – as muitas estruturas existentes, para permitir-nos uma avaliação melhor daquilo que deve subsistir e daquilo que precisamos mudar. Pois o simples fato de tudo existir não significa ainda que tudo é bom. Todos nós participamos juntos de uma expedição gigantesca – do nada chegamos até aqui, e daqui avançamos para o infinito.

Glossário

BLOBJETIVISMO: A tese dupla segundo a qual existe apenas um único campo de objetos que tudo abarca e segundo a qual esse campo de objetos é, ele mesmo, um objeto.

CAMPO DE OBJETOS: Um campo que contém determinado tipo de objetos, existindo regras que conectam esses objetos uns aos outros.

CAMPOS DE SENTIDO: Lugares em que algo se manifesta.

CIENTIFICISMO: A tese segundo a qual as ciências naturais reconhecem a camada fundamental da realidade, do mundo em si, enquanto todas as outras pretensões de conhecimento sempre precisam ser reduzidas a conhecimentos científico-naturais ou ser comparadas a estes.

CONSTRUTIVISMO: O pressuposto fundamental de toda teoria que afirma a inexistência de fatos em si, que alega que nós construímos todos os fatos apenas por meio de múltiplos discursos ou métodos científicos.

CONSTRUTIVISMO HERMENÊUTICO: Um construtivismo que alega que todas as interpretações de textos são construções. Segundo essa posição, os textos não possuem um significado em si, mas são sempre relativos a interpretações.

CRIACIONISMO: A tese segundo a qual a intervenção de Deus na natureza explica melhor a natureza do que as ciências naturais.

DEUS: A ideia de que tudo isso tem um sentido, mas que isso transcenda nossa capacidade intelectual.

DIFERENÇA ABSOLUTA: Uma diferença entre um objeto e *todos* os outros.

DIFERENÇA RELATIVA: Uma diferença entre um objeto e *alguns* outros.

DUALISMO: A concepção segundo a qual existem exatamente duas substâncias, i.e., dois tipos de objetos. A pressuposição segundo a qual o pensamento e a matéria são completamente diferentes um do outro.

EXISTÊNCIA: A característica dos campos de sentido de que algo se manifesta neles.

EXISTENCIALISMO: A análise da existência humana.

FACTICIDADE: O fato de algo existir.

FATO: Algo que é verdadeiro sobre algo.

FETICHISMO: A projeção de poderes sobrenaturais sobre um objeto feito pelo próprio ser humano.

FISICALISMO: A suposição segundo a qual tudo o que existe se encontra no universo e, por isso, pode ser analisado pela física.

MANIFESTAÇÃO: "Manifestação" designa uma expressão geral para "ocorrência". Manifestações podem ser figurações abstratas como números ou figurações concretas e materiais como objetos espaçotemporais.

MATERIALISMO: A alegação segundo a qual tudo o que existe é de natureza material.

MEREOLOGIA: Uma área da lógica que se ocupa com as relações entre o todo e suas partes.

METAFÍSICA: A tentativa de desenvolver uma teoria do mundo como um todo.

MONISMO: A suposição de uma substância única, de um superobjeto, que contém em si todos os outros objetos.

MONISMO MATERIALISTA: Uma posição que considera o universo o único campo de objetos que existe e que o identifica com a totalidade da materialidade, que só pode ser explicada com a ajuda das leis naturais.

MUNDO: O campo de sentido de todos os campos de sentido, o campo de sentido no qual todos os outros campos de sentido se manifestam.

NATURALISMO: A alegação segundo a qual existe apenas a natureza e segundo a qual esta é idêntica ao universo, o campo de objetos das ciências naturais.

NIILISMO MODERNO: A afirmação de que, no fim das contas, nada tem sentido.

NOMINALISMO: A tese segundo a qual nossos conceitos e categorias não descrevem ou representam estruturas e divisões do mundo. O nominalismo afirma que todos os conceitos, que os seres humanos desenvolvem a partir do nosso ambiente e de nós mesmos, só representam generalizações que nós efetuamos para melhorar nossas chances de sobrevivência.

NOVO REALISMO: A tese dupla segundo a qual nós podemos reconhecer coisas e fatos em si e segundo a qual as coisas e os fatos em si não pertencem a um único campo de objetos.

OBJETO: Aquilo sobre o qual refletimos com pensamentos capazes de serem verdadeiros. Nem todos os objetos são coisas espaçotemporais. Números e sonhos são também objetos no sentido formal.

ONTOLOGIA: Tradicionalmente, essa expressão designa a Teoria do Ente. Neste livro, compreendemos "ontologia" como análise do significado de "existência".

ONTOLOGIA DOS CAMPOS DE SENTIDO: A afirmação segundo a qual só existe algo e não nada quando existe também um campo de sentido no qual ele se manifesta. Existência = manifestação num campo de sentido.

ONTOLOGIA FRACTAL: A afirmação segundo a qual a não existência do mundo retorna na forma de pequenas cópias do mundo. Cada objeto isolado de outros é como o mundo. Já que este não existe, o grande problema do mundo se repete no pequeno.

PERSPECTIVISMO: A tese segundo a qual existem diferentes perspectivas sobre a realidade.

PLURALISMO: Existem muitas (em todo caso muito mais do que duas) substâncias.

PREDICADO DIAGONAL: Um predicado que se estende diagonalmente sobre o mundo de Sider (cf. ilustração 7), i.e., um predicado que divide um mundo de modo absurdo.

PREDICADO SUBJETIVO: Um predicado usado por todos os sujeitos de determinada comunidade, digamos: todos os seres humanos. Predicados que apenas golfinhos podem reconhecer graças ao seu órgão sonar são um exemplo de predicados subjetivos.

PROPOSIÇÃO PRINCIPAL DA ONTOLOGIA NEGATIVA: O mundo não existe.

PROPOSIÇÃO PRINCIPAL DA ONTOLOGIA POSITIVA, PRIMEIRA: Existe necessariamente um número infinito de campos de sentido.

PROPOSIÇÃO PRINCIPAL DA ONTOLOGIA POSITIVA, SEGUNDA: Cada campo de sentido é um objeto. Podemos refletir sobre qualquer campo de sentido, apesar de sermos incapazes de contemplar todos os campos de sentido.

PROVÍNCIA ONTOLÓGICA: Uma região do todo, que não pode ser confundida com o todo em si.

REALISMO: A tese segundo a qual nós reconhecemos as coisas em si, se é que reconhecemos qualquer coisa.

REALISMO CIENTÍFICO: Uma teoria segundo a qual nós reconhecemos com nossas teorias e nossos aparelhos científicos as coisas em si e não apenas construções.

REALISMO ESTRUTURAL: A afirmação segundo a qual estruturas existem.

REDUÇÃO ONTOLÓGICA: Realizamos uma redução ontológica quando descobrimos que um suposto campo de objetos é apenas um campo de fala, quando descobrimos que um discurso aparentemente objetivo nada mais é do que tagarelice.

REFLEXÃO: O pensamento sobre o pensamento.

REGISTRO: Uma seleção de premissas, meios, métodos e materiais para o processamento de informações e a aquisição de conhecimento.

RELIGIÃO: O retorno do infinito, do indisponível e imutável para nós mesmos, que pretende evitar que nós nos percamos.

REPRESENTACIONALISMO MENTAL: A suposição segundo a qual nós não reconhecemos as coisas diretamente, mas sempre apenas como imagens espirituais e segundo a qual nunca temos acesso direto às coisas.

SENTIDO: O modo como um objeto se manifesta.

SOMA MEREOLÓGICA: A formação de um todo por meio da conexão de várias partes.

SUBSTÂNCIAS: Portadores de características.

SUPEROBJETO: Um objeto que possui todas as características possíveis.

SUPERPENSAMENTO: O pensamento que reflete ao mesmo tempo sobre o mundo como o todo e sobre si mesmo.

TEOREMA DA *SCIENTIA MENSURA*: Quando se trata de descrever o mundo, a ciência é a medida de todas as coisas.

TEOREMA DO *HOMO MENSURA*: O ser humano é a medida de todas as coisas.

TEORIA DO EQUÍVOCO: Uma teoria que explica o equívoco sistemático de um campo de fala e o remete a um conjunto de suposições falhas.

UNIVERSO: O campo de objetos das ciências naturais que pode ser analisado por meio de experimentos.

Índice onomástico

Adorno, Theodor W. (1903-1969)
Anaxágoras (mais ou menos 499-428 a.C.)
Anderson, Paul Thomas (*1970)
Aristóteles (384-322 a.C.)

Blumenberg, Hans (1920-1996)
Breillat, Catherine (*1948)
Brisseau, Jean-Claude (*1944)
Bruno, Giordano (1548-1600)

Cavell, Stanley (*1926)
Critchley, Simon (*1960)
Cronenberg, David (*1943)

David, Larry (*1947)
Dawkins, Richard (*1941)
Dennett, Daniel (*1942)
Derrida, Jacques (1930-2001)
Descartes, René (1596-1650)
Diederichsen, Diedrich (*1957)
Dunst, Kirsten (*1982)

Einstein, Albert (1879-1955)
Ende, Michael (1929-1995)

Fassbinder, Rainer Werner (1945-1982)
Ferraris, Maurizio (*1956)
Foucault, Michel (1926-1984)
Frege, Gottlob (1848-1925)
Freud, Sigmund (1856-1939)

Gadamer, Hans-Georg (1900-2002)
Galilei, Galileu (1564-1642)
Goodman, Nelson (1906-1998)

Habermas, Jürgen (*1929)
Hawking, Stephen (*1942)
Hegel, Georg Wilhelm Friedrich (1770-1831)
Heidegger, Martin (1889-1976)
Heisenberg, Werner (1901-1976)
Hogrebe, Wolfram (*1945)
Horgan, Terence E. (*1948)
Horkheimer, Max (1895-1973)
Huston, John (1906-1987)

Jean Paul (1763-1825)

Kant, Immanuel (1724-1804)
Kierkegaard, Søren (1813-1855)
Kleist, Heinrich von (1777-1811)
Kripke, Saul Aaron (*1940)

Lacan, Jacques (1901-1981)
Leibniz, Georg Wilhelm (1646-1716)
Lichtenberg, Georg Christoph (1742-1799)
Luhmann, Niklas (1927-1998)
Lynch, David (*1946)

Malevich, Kasimir (1879-1935)
Mann, Thomas (1875-1955)
Marx, Karl (1818-1883)

Nagel, Thomas (*1937)
Natali, Vicenzo (*1969)
Newton, Isaac (1643-1727)
Nietzsche, Friedrich (1844-1900)
Nolan, Christopher (*1970)

Pelevin, Viktor Olegovic (*1962)
Picasso, Pablo (1881-1973)
Platão (mais ou menos 427-347 a.C.)
Pollock, Jackson (1912-1956)
Protágoras (mais ou menos 490-420 a.C.)
Pitágoras (mais ou menos 570-510 a.C.)
Putnam, Hillary (*1926)

Quine, Willard Van Orman (1908-2000)

Ray, Nicholas (1911-1979)
Rilke, Rainer Maria (1875-1926)
Rorty, Richard (1931-2007)
Russel, David O. (*1958)

Sade, Marquês de (1740-1814)
Samadi Ahadi, Ali (*1972)
Scheler, Max (1874-1928)
Schleiermacher, Friedrich (1768-1834)
Schlingensief, Christoph (1960-2010)
Schnabel, Julian (*1951)
Schopenhauer, Arthur (1788-1860)
Scott, Ridley (*1937)
Seinfeld, Jerry (*1954)
Sellars, Wilfrid (1912-1989)
Sider, Theodore (*1967)
Sócrates (mais ou menos 469-399 a.C.)
Spinoza, Baruch de (1632-1677)

Tales de Mileto (mais ou menos 624-546 a.C.)
Thiel, Thomas (*1975)
Trier, Lars von (*1956)

Vermeer, Jan (1632-1675)
Viveiros de Castro, Eduardo (*1951)

Weber, Max (1864-1920)
Wittgenstein, Ludwig (1889-1951)

Zenge, Wilhelmine von (1780-1852)
Žižek, Slavoj (*1949)